杜邦安全文化

崔政斌　周礼庆　张美元 ○编著

所有的事故都是可以防止的

杜邦安全文化的核心是消灭事故
杜邦将安全作为一项集体荣誉

化学工业出版社

·北京·

内容简介

《杜邦安全文化》是继《杜邦安全管理》《杜邦安全理念》之后作者重点编写的又一力作，和前两部构成了杜邦安全"三部曲"。

本书主要论述了杜邦安全文化基础；杜邦安全文化发展的四个阶段；杜邦"有感领导"内含文化底蕴；杜邦安全培训是文化的渗透与升华；杜邦安全训练观察计划是安全文化的最好实践；杜邦安全文化管理的经验和做法；杜邦安全文化对我们的启示；我国企业安全文化的建设和实践等内容。

全书注重理论和实践相结合，以实践为主。全书把杜邦公司在安全工作中的做法和经验升华为安全文化来阐述，使人耳目一新。

《杜邦安全文化》可供企业领导、安全管理者和员工在工作中阅读，也可供有关院校的师生在教学中参考。

图书在版编目（CIP）数据

杜邦安全文化 / 崔政斌，周礼庆，张美元编著．—北京：化学工业出版社，2021.8（2025.4重印）
　ISBN 978-7-122-39364-7

Ⅰ.①杜…　Ⅱ.①崔…　②周…　③张…　Ⅲ.①杜邦化学公司-工业企业管理-安全文化　Ⅳ.①F471.267

中国版本图书馆CIP数据核字（2021）第118861号

责任编辑：高　震　杜进祥　　　　　　文字编辑：王春峰　陈小滔
责任校对：王　静　　　　　　　　　　　装帧设计：韩　飞

出版发行：化学工业出版社（北京市东城区青年湖南街13号　邮政编码100011）
印　　装：河北延风印务有限公司
710mm×1000mm　1/16　印张12½　字数217千字　2025年4月北京第1版第7次印刷

购书咨询：010-64518888　　　　　　　　售后服务：010-64518899
网　　址：http://www.cip.com.cn
凡购买本书，如有缺损质量问题，本社销售中心负责调换。

定　　价：56.00元　　　　　　　　　　　　　　　　　版权所有　违者必究

前言

安全文化主要包括安全观念、行为安全、系统安全、工艺安全等。安全文化的核心是以人为本，这就需要将安全责任落实到企业全员的具体工作中，通过培育员工共同认可的安全价值观和安全行为规范，在企业内部营造自我约束、自主管理和团队管理的安全文化氛围，最终实现持续改善安全业绩、建立安全生产长效机制的目标。

企业安全文化是安全文化中重要的组成部分。企业只要有安全生产工作存在，就会有相应的企业安全文化存在。为了更好地促进我国企业安全文化的建设，把企业安全文化落到实处，有必要探讨企业安全文化的评价体系。企业安全文化本身尽管看不见、摸不着，但是却一定会通过一定形态表现出来，这种表现出来的形态有人称其为"安全氛围"或"安全气候"。

要想真正建设好企业的安全文化，并不断推动其发展，就不能仅停留在对安全文化理念的空洞宣教上，也不能仅着眼于局部的、个别的文化形式，企业安全文化建设问题应该是一个系统工程的问题。因此，开展企业组织的安全文化状况分析和评价，是企业安全文化得以发展的基础。但是，企业安全文化涉及企业的人、物、环境的各个方面，与整个企业的理念、价值观、氛围、行为模式等深层次的人文内容密切相关，客观地分析和评价一个组织机构的安全文化水平是很困难的。

杜邦安全文化的本质就是通过行为人的行为体现对人的尊重，就是人性化管理，体现以人为本。文化主导行为，行为主导态度，态度决定结果，结果反映文明。杜邦的安全文化，就是要让员工在科学文明的安全文化主导下，创造安全的环境，通过安全理念的渗透，来改变员工的行为，使之成为自觉的规范的行动。

本书是继《杜邦安全管理》《杜邦安全理念》之后编写的杜邦安全"三部曲"之一。本书主要介绍：杜邦安全文化基础；杜邦安全文化发展的四个阶段；杜邦"有感领导"内含文化底蕴；杜邦安全培训是文化的渗透与升华；杜邦安全训练观察计划是安全文化的最好实践；杜邦安全文化管理的经验和做法；杜邦安全文化对我们的启示；我国企业安全文化的建设与实践。全书有理论也有实践，更注重实践的应用，是一本比较全面介绍杜邦安全文化的专著。

本书在编写过程中得到了化学工业出版社的帮助，在此出版之际，表示衷心的感谢。本书在写作过程中也得到了石跃武、崔佳、李少聪、杜冬梅、范拴红等同志的帮助，在此也表示诚挚的谢意。

编著者

2021年8月于河北张家口

目录

第一章 杜邦安全文化基础 ………………………………………… 1

第一节 杜邦发展历史 ……………………………………………… 4
一、公司概况 ……………………………………………………… 4
二、杜邦安全文化形成过程 ……………………………………… 5

第二节 杜邦安全文化建设基础 …………………………………… 7
一、对安全的认识 ………………………………………………… 7
二、杜邦的安全哲学 ……………………………………………… 9
三、杜邦实施直线安全管理 …………………………………… 10
四、杜邦的安全目标 …………………………………………… 17
五、杜邦的安全工作优化 ……………………………………… 19
六、杜邦的安全信仰 …………………………………………… 21
七、杜邦的安全管理原则 ……………………………………… 21
八、杜邦的安全理念 …………………………………………… 22
九、杜邦安全人人（层层）有责 ……………………………… 23

第二章 杜邦安全文化发展的四个阶段 ……………………… 25

第一节 杜邦安全文化发展的自然本能阶段 …………………… 28
一、自然本能阶段的特征 ……………………………………… 28
二、员工的自我保护意识 ……………………………………… 28
三、人性对安全的要求 ………………………………………… 30

第二节 杜邦安全文化发展的严格监督阶段 …………………… 32
一、严格监督阶段的特征 ……………………………………… 32
二、管理层的安全承诺 ………………………………………… 33
三、员工受雇的条件 …………………………………………… 35
四、严格执行安全制度 ………………………………………… 36
五、重视所有过程的安全 ……………………………………… 37

第三节 杜邦安全文化发展的自主管理阶段 …………………… 45

一、自主管理阶段的特征 ……………………………………… 45
　　二、安全是个人价值的一部分 ………………………………… 46
　　三、安全是员工的行为习惯 …………………………………… 47

第四节　杜邦安全文化发展的团队管理阶段 ………………… 49
　　一、团队管理阶段的特征 ……………………………………… 49
　　二、帮助别人遵章守纪 ………………………………………… 49
　　三、讲求团队协作 ……………………………………………… 50
　　四、要有集体荣誉感 …………………………………………… 52

第五节　解读杜邦布莱德利安全文化曲线 …………………… 54
　　一、布莱德利安全文化曲线模型 ……………………………… 55
　　二、布莱德利安全文化曲线的形成过程 ……………………… 55
　　三、布莱德利安全文化曲线的演变过程 ……………………… 56
　　四、布莱德利安全文化曲线改善了企业安全文化 …………… 57
　　五、布莱德利安全文化曲线挖掘员工行为的内在动机 ……… 57
　　六、布莱德利安全文化曲线帮助客户实现一流的安全绩效 … 57
　　七、布莱德利安全文化曲线将滞后指标转化为先行指标 …… 58
　　八、布莱德利安全文化曲线面临的最大挑战 ………………… 58

第三章　杜邦"有感领导"内含文化底蕴 …………………… 59

第一节　"有感领导"运作体系 ………………………………… 60
　　一、"有感领导"的含义和基本原则 …………………………… 61
　　二、"有感领导"的安全职责 …………………………………… 62
　　三、"有感领导"产生的"三个力" …………………………… 63
　　四、"有感领导"的六步审核法 ………………………………… 68
　　五、"有感领导"的核心四要素 ………………………………… 69

第二节　"有感领导"包含的安全文化内涵 …………………… 71
　　一、"有感领导"是安全文化的体现 …………………………… 72
　　二、"有感领导"培育了安全文化 ……………………………… 73

第三节　"有感领导"为建设安全文化增光添彩 ……………… 74
　　一、建设安全文化的"三个对象" ……………………………… 74
　　二、建设安全文化的"五个保证" ……………………………… 75

三、提高执行力的途径 ·· 77
　　四、在杜邦安全文化融合下企业的转变 ···················· 80
　　五、加强观察沟通在互动中提高安全技能 ················ 81
　　六、践行"有感领导"提升全员安全意识 ················ 81

第四章　杜邦安全培训是文化的渗透与升华 ············ 83

第一节　杜邦安全培训的特色 ·· 84
　　一、系统的安全培训方案 ·· 84
　　二、平等的安全培训机会 ·· 84
　　三、专职的安全培训教师 ·· 84
　　四、安全培训是一种投资 ·· 85
　　五、安全培训须从意识入手 ··· 86
　　六、杜邦安全培训的延伸 ·· 86

第二节　安全培训增加了安全文化的力量 ···················· 88
　　一、文化力的概述 ··· 88
　　二、安全文化力的作用 ·· 88
　　三、安全文化力的形成途径 ··· 90

第三节　杜邦安全培训促进安全文化发展 ···················· 91
　　一、为员工注入先进的安全文化理念 ···························· 91
　　二、安全培训依靠深厚的安全文化底蕴 ······················· 92
　　三、夯实安全文化与安全培训是双向互动基础 ········ 94
　　四、安全培训增强了员工安全意识 ································ 95
　　五、安全培训与安全文化相融合 ····································· 96
　　六、案例教学体现安全文化的重要性 ···························· 97

第四节　杜邦安全培训的技巧 ·· 98
　　一、让员工明确学习培训的目的 ····································· 98
　　二、激发员工的求知欲望和认识兴趣 ·························· 100
　　三、用丰富有趣的方法进行安全培训 ·························· 101
　　四、安排培训内容应适当 ··· 104
　　五、让员工在培训中获得良好的体验 ·························· 106
　　六、充分利用培训结果的反馈作用 ······························· 106

七、充分利用原有动机的迁移作用 …………………………… 107
　　八、适当开展安全教育培训竞赛活动 ………………………… 108
　　九、把培训成绩归因于努力程度 ……………………………… 110

第五章　杜邦安全训练观察计划是安全文化的最好实践 ……… 113

第一节　杜邦安全训练观察计划介绍 …………………………… 114
　　一、STOP的主要理论 ………………………………………… 114
　　二、STOP的优点 ……………………………………………… 115
　　三、STOP的目的 ……………………………………………… 115
　　四、STOP的意义 ……………………………………………… 116
　　五、实施STOP须进行团体讨论 ……………………………… 116
　　六、STOP可控制伤害及冒险行为 …………………………… 116
　　七、沟通是STOP成功的关键 ………………………………… 117
　　八、安全巡回观察 ……………………………………………… 117

第二节　杜邦安全文化与行为观察的关系 ……………………… 119
　　一、运用行为观察取得的成就 ………………………………… 119
　　二、行为观察与安全文化紧密联系 …………………………… 119
　　三、必须建立无指责文化 ……………………………………… 119
　　四、STOP的最佳实践案例 …………………………………… 122

第三节　行为观察与安全文化相互促进 ………………………… 123
　　一、现场观察促进安全文化落地 ……………………………… 123
　　二、如何在现场使用STOP卡 ………………………………… 125
　　三、安全文化促进STOP顺利进行 …………………………… 126

第六章　杜邦安全文化管理的经验和做法 ……………………… 129

第一节　杜邦消除隐患的实践 …………………………………… 130
　　一、消除隐患的关键在人 ……………………………………… 130
　　二、必须坚持"六要六不要"原则 …………………………… 131

第二节 安全文化建设的方法 ········· 133
一、安全文化建设必须把握好"五个关系" ········· 133
二、安全文化建设要强化"五个建设" ········· 134
三、安全文化建设要起到"四个作用" ········· 136

第三节 安全文化建设的途径 ········· 137
一、建立安全管理职责 ········· 137
二、目标的制定与考核 ········· 138
三、进行严格的安全检查 ········· 138
四、进行充分的安全培训 ········· 139

第四节 杜邦在文化建设中对事故的处理 ········· 140
一、处理违章和事故 ········· 140
二、杜邦对事故调查处理流程 ········· 142
三、杜邦事故调查实例 ········· 143

第七章 杜邦安全文化对我们的启示 ········· 145

第一节 杜邦安全文化的核心及启示 ········· 146
一、杜邦安全文化的核心 ········· 146
二、杜邦安全文化给我们的启示 ········· 147

第二节 营造安全文化氛围至关重要 ········· 148
一、坚持"安全无小事"的理念 ········· 148
二、"齐抓共管"提升安全管理绩效 ········· 148
三、加强安全文化的引领作用 ········· 149
四、注重安全培训提高员工素质 ········· 150
五、用标准化作业强化行为管控 ········· 152
六、全面防控安全风险隐患 ········· 152
七、丰富安全文化活动 ········· 154

第三节 安全管理的重点是抓落实 ········· 155
一、抓落实才能达到安全 ········· 155
二、用文化的理念抓落实 ········· 157

第八章 我国企业安全文化建设与实践 ... 161

第一节 从杜邦公司看安全文化建设 ... 162
一、加强对事故的管理 ... 162
二、要建立安全生产责任制 ... 163
三、加强对员工不安全行为的控制 ... 163
四、建立高绩效安全管理系统以提高企业竞争力 ... 165
五、注重管理中的安全文化建设 ... 166
六、注重基层工作中的安全文化建设 ... 167
七、注重公司人文环境的安全文化建设 ... 168
八、注重工作现场的安全文化建设 ... 170

第二节 中石化安全文化建设案例 ... 171
一、中石化简介 ... 171
二、中石化安全文化建设纲要 ... 172
三、中石化安全文化建设实践之"四抓""七想" ... 172
四、中石化所属企业安全文化建设实例 ... 173

第三节 中海油集团安全文化建设案例 ... 174
一、中海油简介 ... 174
二、以"五想五不干"为核心的安全行为管理 ... 175
三、中海油安全文化建设举措 ... 176
四、中海油所属企业安全文化建设实例 ... 179

第四节 鞍钢集团安全文化建设案例 ... 181
一、鞍钢集团简介 ... 181
二、以安全文化建设探索安全自主管理新模式 ... 181
三、鞍钢集团所属企业安全文化建设实例 ... 184

参考文献 ... 188

第一章 杜邦安全文化基础

杜邦安全文化的基础是杜邦十大安全理念。杜邦公司在200多年的发展过程中，积淀出十大安全理念，指导着杜邦的发展和壮大，规范着安全文化的建设。

杜邦安全文化的核心是减少和消灭事故，在杜邦一定要树立所有的事故都是可以防止的理念，因为事故是在生产中发生的（事故不一定只在生产中发生，在杜邦的安全理念里，哪怕是办公室，也会存在事故隐患），而随着技术的进步、管理水平的提高、人的重视，这些事故一定是有办法防止的，所以要树立事故可以防止的思想。

杜邦坚定不移地坚持安全、职业道德、对人的尊重和环境保护的核心价值观，从科学的角度解释安全管理的推动因素，并建立一整套完善的安全管理方案及操作规程，全体员工均参与危险的识别和消除工作，保证将事故消灭在萌芽状态。

安全给杜邦带来了巨大的好处。杜邦将安全作为商业价值，作为衡量企业业绩的标准，塑造了先进的企业安全文化。目前杜邦在中国的公司，在安全生产方面均实现"0"伤害率。让我们从现在做起、从身边的每一件小事做起，可以发现的安全问题就可以得到控制和管理，任何的事故都是可以避免的。

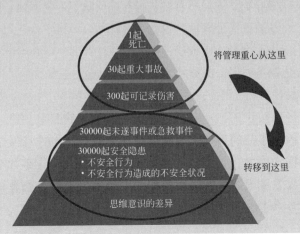

理念是文化的基础。安全文化是意识形态在企业安全工作中的具体表现，反映企业成员共同认可的价值观和逐渐形成的工作态度。美国杜邦公司在200多年的整个发展中，形成了十个基本理念，即我们常说的杜邦十大安全理念，它是杜邦安全文化形成的基础。正是有了这十大安全理念，杜邦公司才发展壮大了自己的安全文化。杜邦人是这样理解安全的：

安全与企业的绩效息息相关。安全是习惯化、制度化的行为，影响企业的组织变革、感召力和员工。所有的职业伤害与疾病、安全和环保事故，都是可以避免的。安全具有显而易见的价值，而不仅仅是一个项目、制度或培训课程。"安全不仅是安全管理部门的事，企业全体员工都必须积极参与。安全不是花钱，而是一项能给企业带来丰厚回报的战略投资。"

在杜邦人的观念中，安全事故不仅可以影响到员工、影响到股东、影响到客户，还会影响到企业在公众心目中的形象，最终影响到企业的经营效益。

在杜邦的成本账中，不是以"块"来划分，如：部分资金是用来培训，部分资金是用来购买安全设备。安全设备的投入被整体计入成本，也就是说，该公司的安全投入，本身就与生产过程的支出是一个整体，是生产过程中不可缺少的一个环节，避免事故的发生就能降低成本。有着200多年历史的杜邦公司，安全事故率不及工业平均值的1/10，超过60%的工厂，实现了"零"伤害，因此减少了数百万美元的支出。

"安全是一项具有战略意义的商业价值，它是企业取得卓越业务表现的催化剂，不仅能提高企业生产率、收益率，而且有益于建立长久的品牌效应。"杜邦公司认为，当安全成为战略商业价值的一部分时，就成为企业取得优秀经营业绩的催化剂。杜邦把安全作为衡量业务成功与否的标准，将其视为先进的企业文化，以防止员工在工作中，甚至在工作时间外受到伤害。避免伤亡的结果是公司的资源得到了更为有效的利用，员工的更替率有所下降，企业的运营更加顺畅，企业的收益也就会有所增长。杜邦公司的决策者们认为，所有这些因素都反映了一个道理：良好的安全管理意味着企业有一个良好的商业表现。也就是说杜邦公司将安全视为企业市场竞争的一个筹码，视为赚取利润的一个方法，视为企业生存的一项必不可少的条件。一流的安全业绩能促进商务发展，保护品牌在公众心目中的形象。

杜邦十大安全理念如下。

（1）所有事故都是可以防止的。从高层到基层，都要有这样的信念，采取一切可能的办法防止、控制事故的发生，要总结以往在生产活动中所发生的一切安全事故，比如人身伤亡事故、设备损坏事故、火灾事故、未遂事故等。在事故调查分析中，往往只看到设备存在缺陷和隐患、没有安全防护装置、保护存在问题以及安全技术组织措施不全等，造成这种现象的根源是人出了问题。

表面是设备问题,实际是人的因素,因为设备是由人来控制的,设备失控是人的失控造成的。设备有缺陷是人没有发现,事故发生是人没有预防,可能发生的事故又是人没有及时采取可靠的措施加以控制,还有人的麻痹大意、责任心和自我防护能力不强等诸多人为因素。换句话说人在思想、技术、能力等方面存在问题就可能导致事故的发生,事故发生的根源在人。所以,安全管理必须强调注重人的因素,做好人的工作,人不行要培训,人无能要调岗,充分发挥全体员工的主观能动性,将对设备的控制乃至对事故的控制彻底转变为对人的控制。前面说,事故发生是人为的,也可以说,控制事故的发生也是人所能做到的,关键在于人做不做、认不认真做、怎样做。

(2)各级管理层对各自安全直接负责。因为安全包括公司各个层面、每个角落、每位员工点点滴滴的事,只有公司高级管理层对所管辖范围的安全负责,下属对各自范围的安全负责,车间主任对车间的安全负责,生产组长对管辖范围的安全负责,小组长对员工的安全负责,涉及的每个层面、每个角落安全都有人负责,这个公司的安全才能真正有人负责。安全部门不管有多强,人员都是有限的,不可能深入每个角落、每个地方24小时监督。所以,安全必须是从高层到各级管理层到每位员工自身的责任,安全部门从技术上提供强有力的支持。企业由员工组成,只有每个员工、组长对安全负责,安全才有人负责,最后总裁才有信心说我对企业安全负责,否则总裁、高级管理层对底下哪里出安全问题都不知道。这就是直接负责制,指员工对各自领域安全负责,是相当重要的一个理念。

(3)所有安全操作隐患都是可以控制的。在安全生产过程中针对所有的隐患都要有投入、有计划地治理、控制。

(4)安全是被雇佣的必要条件。在员工与杜邦的合同中明确写着,只要违反安全操作规程,随时可以被解雇,这是把安全与人事管理结合起来。每位员工参加工作的第一天就意识到这家公司是讲安全的。

(5)员工必须接受严格的安全培训。让员工安全,要求员工安全操作,就要进行严格的安全培训,要尽可能地想办法,对所有操作进行安全培训。要求安全部门与生产部门合作,知道这个部门要进行哪些安全培训。

(6)各级主管必须进行安全检查。这个检查是正面的、鼓励性的,以收集数据、了解信息,然后发现问题、解决问题为主的。如发现一个员工的不安全行为,不是批评,而是先分析好的方面在哪里,然后通过交谈,了解这个员工为什么这么做,还要分析领导有什么责任。这样做的目的是拉近距离,让员工谈出内心的想法,了解其为什么会有这么不安全的动作,知道真正的原因在哪里,是这个员工不按操作规程做、安全意识不强,还是上级管理不够、重视不够。这样,拉近管理层与员工的距离,鼓励员工通过各种途径把对安全的想法反映到管理层来。管理层只有知道了底下的不安全行为、因素，才能对整个企业安全管理提出规划、整改。如果不了解这些信息，抓安全是没有针对性的，不知道要抓什么。当然安全部门也要抓安全，重点是检查下属、同级管理人员有没有抓安全、效果如何，对这些人员的管理进行评估，让高级管理人员知道这个人在这个岗位上对安全的重视程度怎么样，为管理提供信息。这是两个不同层次的检查。

（7）发现事故隐患必须及时消除。在安全检查中会发现许多隐患，要分析隐患发生的原因是什么，哪些是可以当场解决的，哪些是需要不同层次管理人员解决，哪些是需要投入力量来解决的。重要的是必须把发现的隐患加以整理、分类，知道这个部门主要的安全隐患是哪些，解决需要多少时间，不解决会造成多大风险，哪些需要立即解决，哪些是需要加以投入的。安全管理真正落到了实处，就有了目标。

（8）工作外的安全与工作内的安全同等重要。工作中我们有许多安全手段、专职安全员对我们的安全保驾护航，而工作外的安全则依赖于我们每一个人的素质。如果每一个人能坚信"我为人人，人人为我"的理念，我们每一个人在工作外的安全就更加有保障。

（9）良好的安全是创造良好的业绩。这是一种战略思想。如何看待安全投入，如果把安全投入放到对业务发展投入同样重要的位置考虑，就不会说这是成本，而是生意。这在理论上是一个概念，在实际上也是很重要的。抓好安全是在帮助企业发展，有个良好环境、条件，有助于实现企业发展目标。否则，企业每时每刻都在高风险下运作。

（10）员工的直接参与是关键。没有员工的参与，安全是空想。因为安全是每一位员工的事，没有每位员工的参与，公司的安全就不能落到实处。

第一节　杜邦发展历史

一、公司概况

杜邦公司成立于1802年，在公司建立的最初100年中，其产品主要是以火药为主。100年前，公司的业务重心转向全球的化学制品、材料和能源等领域。在进入第三个百年时，杜邦又开始向能更好地改善人们生活、以科学为基础的高科技领域开拓。在两个世纪的历程中，面对不断的变化、创新和发现，杜邦的核心价值始终保持不变，即安全和健康、保护环境、正直和具有高尚的道德标准以及公正和尊敬地对待他人，这使得其成为世界上最具创新能力的公司之一。今天，杜邦的产品涉足于石油、原料、材料、油漆、农业、食物与营养、保健、服装、家居及建筑、电子、交通等工业和生活等领域，其下属企业遍布世界6大洲的70多个国家，有近80000名员工。2019年销售收入为859.77亿美元，2019年在《财富》"世界500强"排行榜上名列第100位。

杜邦在公司生产业务不断发展的同时，在职业安全和健康上也保持着卓越的表现。据2001年统计，其下属的370个工厂和部门中，80%没有发生过工伤病假及更严重的安全事故，至少50%的工厂没有出现过工业伤害记录，有20%的工厂超过10年没有发生过安全伤害记录。2003年9月9日杜邦公司被《职业危害》(Occupational Hazards)杂志评为最安全的美国公司之一。

二、杜邦安全文化形成过程

杜邦公司早期火药生产过程的高风险性和生产中曾发生过的多次严重安全事故，使杜邦公司的高层领导意识到安全是当时公司能否生存的重要制约因素，以及建立安全制度的必要性。杜邦公司第一套安全章程创立于1811年，强调各级生产管理层对安全负责和员工的参与。特别是1818年杜邦历史上最严重的爆炸事故（爆炸中有40名工人丧生）发生以后，公司规定在高级管理层没有亲自操作之前，任何员工不允许进入一个新的或重建的工厂，并进一步强化高级管理层对安全的负责制。该制度演变为如今的高级管理层的"有感领导"。杜邦安全管理发展历史上其他几个重要标志为：1912年开始安全数据统计；1926年成立安全与防火体系；20世纪40年代提出了"所有事故都是可以防止的"理念；20世纪50年代推出工作外安全预防方案和安全数据统计。直至最后，杜邦提出实现零伤害、零疾病、零事故的目标，即：从每一单位的设计、建造、施工、投产到维修，以至运输各环节，全体人员均力求避免工伤意外的发生，以期达到零的记录；并深信所有的职业伤害与疾病、安全和环保事故，都是可以避免的；此外也特别努力地推动员工非工作时间的安全。如今在杜邦，健康、安全和环境保护（HSE）被认为是业务蓬勃发展的不可分离的一部分。HSE的目标作为整个公司、各个业务部门和分支机构取得全面成功的关键因素而融入其企业战略和经营计划中。尤其是200多年来杜邦在安全管理中逐渐形成了企业安

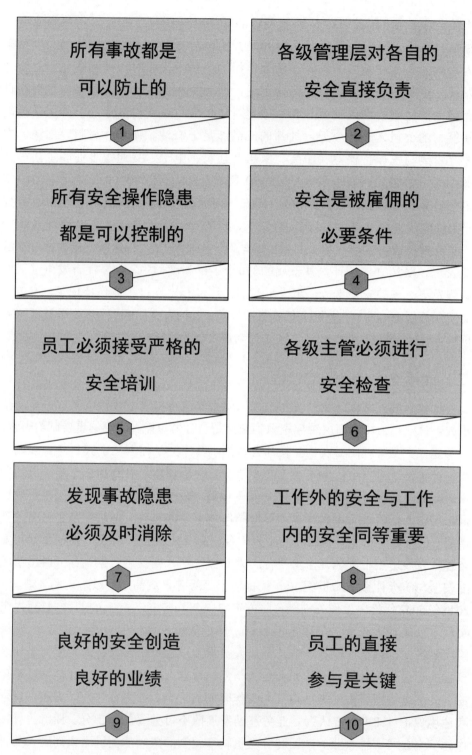

图 1-1　杜邦十大安全理念内容

全文化，即：把安全、健康和环境作为其企业的核心价值之一，每位员工不仅对自己的安全负责，而且也要对同事的安全负责。凭借这种个人和集体负责的理念，连同任何事故都可预防的信念，企业上下共同一致实现零伤害、零疾病、零事故的目标。其结果为杜邦在工业安全方面奠定了领先地位，具有非凡的记录，并在安全管理方面享有全球的信誉。

杜邦以安全文化为核心，制定了十分严格、近乎苛刻的安全防范措施。正是这些苛刻的措施，令杜邦的员工感到十分安全。在杜邦全球所有机构中，均设有独立的安全管理部门和专业管理人员。安全专业人员与现场安全协调员共同组成完整的安全管理网络，保证安全信息和管理功能畅通地到达各个生产环节。杜邦创建了一整套完善的安全管理方案及操作规程，全体员工严格按照方案和操作规程工作，并主动参与危险的识别和消除工作，确保将安全隐患消灭在萌芽状态。

企业的安全文化是企业组织和员工个人的特性和态度的集中表现，这种集合所建立的就是安全拥有高于一切的优先权。在一个安全文化已经建立起来的企业中，从高级管理层至生产主管的各级管理层必须对安全责任做出承诺，并表现出无处不在的有感领导；员工个人须树立起正确的安全态度与行为；而企业自身须建立起良好的安全管理，对安全问题和事故的重要性有一种持续的评估，对其始终保持高度的重视。杜邦企业安全文化建设的经验表明，一个企业安全文化的建成往往不是一蹴而就的，而是需要长期不懈努力才能达到。为此，杜邦实施了十大安全理念，其中第一条安全理念就是"所有事故都是可以防止的"。杜邦十大安全理念内容见图1-1。杜邦的十大安全理念是杜邦取得安全成就的基本理念，这十大安全理念也被世界上诸多企业认可，并依照执行。

第二节 杜邦安全文化建设基础

一、对安全的认识

杜邦在企业内部的安全、卫生和环境管理方面取得了相当的成功经验，并愿意与其他企业一道分享。具体的认识有：
1. 创造安全人与安全场所

　　管理并不能为工人提供一个安全的场所，但它能提供一个使工人安全工作的环境。提供一个安全工作场所——即一个没有可识别到的危害的工作场所是不可能的，在很多情形下，对一个工作场所来说，它既不是安全的，也不是不安全的，它的安全程度也并非变化在安全和不安全这两个极端之间。而这是由于人自身可能是安全的或不安全的，或更安全的，或不太安全的。是人的行为，而不是工作场所的特点决定了工伤的频率、伤害的程度以及健康、环境、财产的损坏程度。

　　安全是企业核心论点，也有些人称之为前提，根据这种论点，行为能够被不断地指导变成更安全的行为，人能远离不安全的行为。这里所说的行为，并非专指受了伤害的个体的行为，它也包括工人们、工程师们、现场专家们、现场经理们、首席执行官以及其他人员的行为，没有任何人能够避免不安全行为。这一概念应在工作中加以强调。

2. 杜邦的职业安全指标水平是先进的

　　20世纪90年代初，杜邦损失工作日事件发生率为0.024%。这样的结果，如果不是杜邦从早期到现在始终不渝地重视安全，是不可能取得的。

3. 认识安全的意义

　　安全的回报。安全的效果与安全的投入之间的联系并不是一个简单的关系。今天所付出的努力可能在以后的若干年之后才产出结果，而且很可能这个结果并不能被人们意识到是由于数年前所付出的努力而产出的。通过避免事故所造成的人身伤害、工厂关闭、设备损坏而降低的成本，实际上是一个推测值，而且有一部分人一直用怀疑的眼光来看待这一切。

　　大多数企业只关注车间生产带来的直接经济效益，盲目追求利润，而违背了发展的客观规律，对企业生产安全、环保问题一概无视或者忽视，造成严重的违规操作，给企业安全、环保管理工作造成了很大的隐患。这是由企业主盲目短视造成的，但是最后必将自食其果。如果企业主能够在安全生产和安全管理方面投入资金和人力成本，带来的经济效益也将成倍增长。

　　"安全是有价值和意义的"，注重安全不但能保障员工生命安全与健康，而且也能同时改进企业的其他各个方面。这种观点，随着杜邦安全管理局的客户们通过工作中移植杜邦的安全文化并从中受益后，不断地被更多的人认识到。某研究机构在与杜邦进行为期不足一年的合作之后，其所长讲：我过去确实不信安全会值得花费更多的时间和精力，但是今天，安全管理对我已是一种乐趣了。我很欣赏我在安全方面投入的努力和我们组织作用的巨大提高。事实上我已经在质量方面搞了三年，但我也还没真正清楚我正在干的事情，很失望。安全与工人福利之间的关系的建立好像比工人福利与质量之间的关系的建立更容易一些。站在总质量这个角度，从事质量安全工作就是从事质量工作的一部分。因为安全也是总的工作的一部分。在杜邦公司的咨询工作中，安全比起质量的概念更易具体化。

比较工伤所致的费用与净收入可以向许多管理层提供惊人的信息。例如，某管理者只采取了一个非常简单的行动便降低了工伤成本，从而提高了企业效率。又如，某地公司把工伤作为评价管理成果好坏的一条标准之后的6个月内，意外伤害赔偿竟降低了90%，数字是很大的。杜邦安全管理局的客户，按照杜邦的咨询意见通常在头两年可以降低50%的工作日损失。

站在公司财政的角度上，认识工伤影响的方法是考察用于补足这些费用的销售水平。美国工业公司1989年的销售利润为5%，当年工伤统计结果是平均每起致残费用为28500美元，也就是说，每销售570000美元产品所得的利润，才能支付一起致残工伤的费用。从创造利润这一点来讲，减少一起伤害，总比增加50万～60万美元的销售要容易得多。尽管这种分析的疑问还很多，但这说明一个重要的问题，那就是安全就是效益。

4. 领导的作用

成功的管理需要领导。如果工人看到管理者管理的动机只是出于政府法规的要求，他们将无法看到具有领导作用的管理，他们看到的只是一个试图遵守法规，在法规驱使下的被动管理。

伤害并非偶然，它们是由人们的行为引发的，正是由于安全具备的这种核心本质，成功的管理者才需要奉献其时间、金钱和能量。关心工人、关心顾客、关心公众、关心环境、关心股东的福利，是安全方面取得成功的基础。

综上所述，应认识到：工人、公众和环境的安全是强制性的。作业过程中保障工人、公众和环境不产生不利影响和危害，已经被证明是"值得"的。事实上，在安全上的努力，不是企业经营的负担。安全上的努力及费用是用来降低整体成本的，是明智的花费，这样的投入，事实上降低了操作成本。安全已经被证明是"有价值"的事业。

二、杜邦的安全哲学

杜邦公司的高层管理者对其公司的安全承诺如下。

① 致力于使工人在工作和非工作期间获得最大限度的安全与健康；致力于使客户安全地销售和使用杜邦的产品。

② 安全管理是公司事业的组成部分，是建立在这样基石上的信仰：所有的伤害和职业病都是可以预防的；任何人都有责任对自己和周围工友的安全负责，管理人员对其所辖机构的安全负责。

哲学是社会意识形态之一，是关于世界观的学说，是自然知识、社会知识、思维知识的概括和总结。杜邦的安全哲学包含以下内容。

1.企业领导对安全做出最高级的承诺

只有安全的工作环境、稳定的生产环境、公正的法治环境、优质的服务环境，才会有员工的获得感、幸福感、安全感。

2.安全工作具有最高优先级

任何决策必须优先考虑安全、健康、环境。安全是聘用的必要条件。企业必须对员工进行安全培训。各级管理者对业务范围内的安全工作负责。各级管理者必须亲自参加安全审核。员工必须参与岗位危害识别及风险控制的培训。事故隐患必须及时整改。所有事故事件必须及时报告、分析和处理。承包商管理执行统一的安全标准。这些均是安全优先的具体体现。

三、杜邦实施直线安全管理

1. 实行直线安全管理

落实直线责任其实就是落实"谁主管，谁负责"的安全生产管理原则，只有各级直线领导、机关部门在分管业务和领域内严格落实直线责任，安全生产管理才能与生产及其他各项业务工作有机结合，才能最大限度地发挥各级领导和机关部门对下咨询、辅导、支持、收集安全信息，对上建立问题反馈机制，寻求解决安全问题途径的作用。直线管理的责任见图1-2所示。

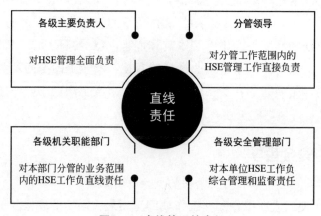

图1-2　直线管理的责任

一是强化各级直线领导的责任意识。在HSE会议上，不定期抽取直线领导汇报分管单位或业务的安全现状、安全隐患整改落实情况，主持或参与的安全活动等情况。

二是强化各级直线领导对相关安全标准的学习和理解。要求各级直线领导必须亲自参与HSE培训、辅导分管下属正确理解安全生产管理标准，并在具体工作中严格落实，在亲自培训的过程中有效解决安全观念转变和安全领导能力提高的问题。

三是强化安全直线责任的落实与考核。将所辖属地考核评估结果与个人业绩兑现挂钩，定期组织对各级直线领导履行职责的评估考核。

四是强化机关部门的规范管理。及时调整、理清各机关部门安全职责，使安全职责随所管业务归位，杜绝令出多门；规范政策制定流程，使各机关部门与基层有效沟通，做到政策"提前亮"；加大机关部门对基层的辅导和支持力度，为基层减负，为安全文化建设增效。

五是强化"结对子"活动。根据业务特点与工作间的关联程度，开展机关部门和各基层车间一对一"结对子"活动，各机关部门承担与"结对子"基层车间同样的HSE业绩考核加减分值，彼此相互督促并进行互动。

做好安全生产管理，落实直线责任，要紧紧围绕"谁主管，谁负责"的原则，从组织和人员两个维度出发，做好五大强化——强化责任意识、强化对相关安全标准的学习和理解、强化安全直线责任的落实与考核、强化机关部门的规范管理、强化"结对子"活动。直线管理包含四个层面的安全管理，即主要负责人的安全管理、分管领导的安全管理、职能管理部门的安全管理，安全管理部门的安全管理。

直线管理的体现形式见图1-3。

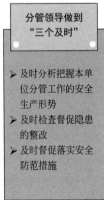

图1-3　直线管理的体现形式

2.配备强有力的专业安全人员

企业要设置与企业发展相适应的安全管理机构和人员。矿山、金属冶炼、建筑施工、道路运输单位和危险物品的生产、经营、储存单位,应当设置安全生产管理机构或者配备专职安全生产管理人员。上述单位以外的其他生产经营单位,从业人员超过一百人的,应当设置安全生产管理机构或者配备专职安全生产管理人员;从业人员在一百人以下的,应当配备专职或者兼职的安全生产管理人员。

3.具备严格的安全绩效管理体系

对一个以生产为主营业务的企业,其管理的主要环节体现在三个方面,即对生产经理部门的管理、对生产工作人员的管理、对公司机关工作人员的管理,绩效考核体系主要围绕三个方面进行设计和建立。

(1)生产经理部门绩效考核指标体系。对生产经理部门的管理,是生产企业管理的重头戏,是企业管理的永恒主题。生产经理部门是公司为保障生产的连续进行的有效实施而组建成立的管理组织,对生产经理部门的考核是生产企业绩效考核的重点。对生产经理部门的绩效考核指标体系,主要包括生产技术方面和进行安全生产管理工作方面。

① 生产技术绩效考核指标体系。企业生产技术指标体系主要包括生产组织管理指标、进度管理指标、质量管理指标等。生产组织管理指标绩效标准,主要包括按生产流程的要求,建立健全生产管理机构,制订生产组织计划,组织管理程序措施完善,计划任务落实到位,人力、物资、机械、技术等保障措施完善,生产管理制度建立健全,生产现场准备充分等。进度管理指标绩效标准,主要包括进度管理计划周密完善,进度计划目标任务分解落实,生产安全管理手续符合规定要求,实际进度与计划进度相符合,生产整体进度满足生产要求等。质量管理指标绩效标准主要包括按质量标准建立健全全面质量管理体系,质量目标任务分解落实,合同设定的质量标准和公司创优目标能够实现,施工质量水平和顾客满意度达到要求,进行了质量管理方面的自检考评,无发生严重不合格和质量事故,无严重质量缺陷等。

② 安全生产绩效考核指标体系。安全生产指标绩效标准主要包括:建立健全安全组织保障体系,安全责任分解到人,制定重特大安全事故应急救援预案,开展安全生产宣传教育活动,对员工队伍的安全教育培训到位,遵守安全操作规程,无"三违"现象,特种设备作业人员持证上岗,高危作业安全保护保障措施到位,经常开展安全生产分析和自查自纠活动,无重大事故隐患,一般隐患及时整改,无重特大安全事故等。

（2）生产工作人员绩效考核指标体系。对生产工作人员的绩效考核是针对工作人员的业绩考核评价，是对个人绩效的考核。生产经理部门的整体工作体现在每个个人的工作当中，对个人考核绩效标准的设置应在生产经理部门绩效标准的基础上进行分解，使其个性化、具体化，一般分为定量考核指标和定性考核指标。

① 定量考核指标。定量指标也称客观指标，是指可以数量化的、客观衡量的指标，是项目经理部根据项目施工任务要求下达给工作人员的具体数量指标，主要包括进度指标、质量指标、安全指标、工作计量指标等。进度指标是指根据生产总体进度计划分解落实到具体人头的进度目标。质量指标是指个人所承担的工作任务完成的质量情况，如合格率、优良品率的实际完成情况，是否有不合格项目发生，有无返工浪费现象等。安全指标是指个人在生产作业及管理工作中的安全保障程度，安全事故率是否突破了指标要求，是否存在安全隐患，是否发生了安全损失。工作计量指标是指经确认的个人当月完成的工作数量，是否超额完成或未完成计划任务。

② 定性考核指标。定性指标也称主观指标，其评判主要依赖于考核者个人的判断，主要包括安全学习及安全思想表现、岗位安全职责履行情况、出工出勤、沟通协调、内务管理、临时性工作完成情况等内容。

（3）公司机关工作人员绩效考核指标体系。机关是企业组织的指挥中枢，在公司正常运转中担负决策、指挥、宏观指导、组织协调、对外沟通的重责。对公司经理层的考核一般由公司董事会或其上级管理机构组织进行，这里只涉及公司机关除高层管理者以外的其他工作人员的考核。由于机关工作主要是宏观经营管理，很多工作不能具体量化，考核指标的设置应以定性指标为主，可参照公务员的考核标准，以德、能、勤、绩、廉为主要内容。德，是指机关工作人员的思想、道德品质表现；能，是指机关工作人员履职能力和专业能力；勤，是指机关工作人员工作态度和爱岗敬业表现；绩，是指工作数量、质量、效率和贡献；廉，是指廉洁自律方面的情况。

4.进行常态化的安全审核

企业的安全管理是一项常态化的工作，企业安全审核也不应该像搞运动一样，风风火火三五周便偃旗息鼓。杜邦的经验是：安全审核可以分为两个层面。一是公司内部的安全审核，这种审核可以定期分项目进行。比如全年可分为：1月份进行隐患排查、事故调查与事故预防审核，4月份进行操作程序正确性的现场监督审核，7月份进行承包商安全性审核，10月份进行工艺安全性审核。分项目常态化审核，能够有针对性地解决企业安全管理中存在的问题，并持续影响、引导员工的安全工作行为，使其行为日益安全化，进而提高企业的安全管理水平。二是邀请政府相关部门或独立的安全管理咨询机构进行第三方审核，每年至少一次。以外部人的视角对公司内部的安全管理进行检视，能够克服内部人审核的惯性思维与固有定式，能够对在内部审核中发现不了的问题、趋势及可能性进行描述、分析，能够对公司安全状况进行客观公正的评估，从而更有效地预警员工的不安全行为，控制不安全因素。另外，对集团公司，可以协调集团的内部资源，进行公司企业间的安全互审，在节约资源的同时，也能起到第三方审核的作用。

5. 建立系统的标准化作业程序

标准化作业是为了更有效地生产，把物料、设备、人等生产要素进行合理组合的一种集约化作业方式。在标准化作业条件下，现场浪费少，机器、物料、技术条件有机结合，同时现场自主化管理，组长制定标准化生产技术条件的标准和表单并培训员工执行，执行中不断改善，所以标准化作业条件也在不断优化。

（1）标准化作业的要素组成主要包括以下内容：

① 节拍时间，指一个生产工序，能够符合顾客需求的制造速度。

② 作业顺序，指在作业者加工物品时，从原材料向成品顺序变化的过程，它包括运输物品、在设备上安装拆卸等，这是伴随着时间的流动而进行作业的顺序，不是指产品流动的顺序。

③ 标准制程内库存（也称标准持有量），指为了顺利进行作业，工序内必需的半成品，也包含安装在机器上的产品，这个持有量随着设备配置方法的不同和作业顺序方式的不同而改变，任何地方都没有半成品的作业是不成立的。

一般来说，即使是同样的机器配置，如果按加工工序的顺序进行作业，只有机器安装所需的东西就可以了，工序间不会有持有量。可是，如果按照推进工序的相反的顺序进行作业，各个工序间有必要每制造一个产品就出现一个持有量（安装两个的时候就是每两个）。

（2）标准化作业作用主要体现在以下方面：

① 标准化是改善的基础，没有标准化就没有改善。在精益生产中，工作就是追求持续不断地改善，而没有标准化，生产就不稳定。今天和昨天的效率、品质、疲劳情况不同，改善的基础根本找不到，改善就无从谈起，所以标准化是改善的基础。

② 标准化作业是现场管理的基础。比如一个现场如果作业没有标准化，那么作业有闲余的人，或者处于无聊或者担心被主管发现后调离这个宝贵的空闲岗位，可能会放慢作业速度，可能会主动去做一些分外的事情，如搬运、清理

等，这将会极大地掩盖真实的现场问题，扰乱技术/管理人员对现场的情况进行了解，从而使真正的问题得不到解决。在这时，他正确的做法是：原封不动地执行标准作业，作业完了，就原地等待或主动报告主管，以使问题得以尽快暴露和解决。

③ 标准化作业可以让作业稳定，减少制程变异，减少工伤，特别在新员工培训方面效果特别明显。一般来说，在欧美风格的企业中，标准作业是由作为第三者的技术员采用IE（工业工程）手法进行作业测定，并基于其结果完成的。

6.不断推进安全文化建设

（1）加强价值引导建设，让安全文化成为生产一线的警钟。在市场经济条件下，企业员工的需求呈现出一些新特点，有的员工对安全生产的认识还不够到位。帮助员工树立正确的安全价值观，是安全文化建设必须解决的现实难点问题。在企业安全文化建设中，要着力于引导员工快乐工作，为员工搭建起实现自我价值的平台，使员工感受到主人翁的荣誉感。开展安全生产主题宣传教育，引导员工算清安全账，通过对不安全事件的深入分析，将员工绩效、安全评级、个人影响等内容用简单形象的方式体现出来，进一步将安全价值化，使员工认清做好安全工作和个人进步、职务提升、效益保证、企业发展之间的关系，引导员工牢固确立确保安全就是促进员工人生价值、班组岗位价值、集体荣誉价值的理念，自觉执行安全生产管理规定。注重安全文化落地的视觉建设，以教育培训、主题活动使职工牢记安全生产规程，将安全文化理念由无形变有形。利用岗前培训、班前班后会引导员工在工作中学习安全知识、在实践中运用安全技能，将宣传阵地由会议室向一线班组和工作现场延伸，逐步形成安全制度与安全文化、安全知识与安全技能融为一体的宣传教育格局。通过推进安全文化用语上墙，将贴近岗位、贴近员工的安全理念引入操作一线，增强视觉冲击，加深员工的心理约束，引起员工的思想共鸣，以潜移默化的方式，时刻提醒员工注意安全，保持清醒。

（2）加强载体文化建设，让安全文化成为企业发展的传承载体。员工的安全素质不是一朝一夕便能形成的，要以各类安全活动为载体，让员工在实践中提高安全理论基础和安全行为能力，以文化引领企业整体安全运行品质的提升，不断强化员工的安全底线思维，引导教育员工认可、遵守、弘扬安全文化理念。安全文化建设必须要有有效载体才能更加务实管用。在企业安全文化建设中，应根据地域特点、传统优势培育形式多样的岗位载体，形成各具特色的岗位文化，体现企业的安全文化理念。通过凝练岗位精神、树立载体标杆、推进辅导计划等，打造激发安全内生动力的载体，用典型效应引发群体效应，使其成为新员工培训引导的教材，在安全生产与经营管理中形成企业安全文化的沉淀与传承。企业经营管理者、关键岗位管理人员要通过听取汇报、现场观摩、案例分析、座谈会等方式，由表及里、由浅入深地展示企业安全文化建设路径和载体创新手段，以务实的态度去抓落实，有针对性地利用基层群众基础和传统优势资源，一步一个脚印地建立起企业安全文化落地渠道和传承载体。

（3）加强行为模式建设，让企业安全文化成为员工的安全帽。在企业安全文化体系建设中，安全至上的理念首先要体现在保证企业员工的生命安全之上。企业在不断完善制度、改进工艺、更新设备、改善作业环境、配备劳保用品的同时，必须更加关注培养、提升职工自身安全能力，促进员工安全行为的制度化和规范化。基层班组是企业的细胞，班组安全文化是企业安全文化的重要组成部分。在安全文化落地推进过程中，必须坚持从涉及安全生产的一线工作入手，将企业思想政治工作要求和安全生产实际紧密结合起来，提炼出企业员工安全行为模式，用感官提示的方式，形成行为控制的操作程序，使职工的现场操作意识与动作符合预期的行为标准。通过细化措施、整体推进，不断深化各岗位安全行为模式和标准化建设工作，使作业人员对操作流程、设备状况、岗位职责都能够了然于胸。充分发挥班组长的带头示范作用，每个班组讲一个安全教育案例，每个季度办一次安全岗位练兵活动，举办安全生产我先行宣讲会，促使员工自觉增强安全意识，严格执行规章制度，以积极的态度抵制不安全行为和现象，形成人人参与安全管理、人人保障生产安全的良好氛围。

（4）加强管理创新建设，让企业安全文化成为企业发展的推进器。传统的安全管理方法和安全管理手段已不能满足企业安全管理的需要，这就要求企业在推进安全文化落地时，必须把思想政治工作与安全生产管理结合起来，着眼于安全管理创新，推进企业安全文化建设工作。企业各级管理人员都要分层级、分区域负责企业安全文化建设工作，形成纵向到底、横向到边、纵横交错无死角的企业安全文化建设格局。落实企业安全文化建设责任制，从基础管理、载体建设、活动形式、特色项目等四个方面列出工作要求，进行层层分解，形成经营管理层有部署、职能部门有任务、领导干部有指标、广大员工有行动的全员参与企业安全文化建设局面。企业领导班子要从全局高度重视企业安全文化建设，加强对企业安全文化建设的领导，总体部署安全文化体系建设，加强督促检查，确保企业安全文化落地生根。基层车间班组要把安全生产作为重要工作任务，认真负责地加强基层班组安全文化建设，引导关键岗位工作人员在安全生产中发挥带头示范作用。安全管理员要在高度重视自身安全生产的同时，和重点岗位上的职工结为对子，共同参与安全文化建设活动，互相提醒共同保障安全。着力构建企业管理层组织领导、安全生产管理部门和其他相关部门齐抓共管的企业安全文化建设格局，形成全覆盖的企业安全文化建设体系，为安全生产保驾护航。

四、杜邦的安全目标

杜邦公司针对自身的安全理念和要求，明确了如下安全目标：

杜邦长期致力于为全球众多知名机构和工厂提供工艺安全管理办法，以工艺安全管理（PSM）和运营风险管理（ORM）为标准，通过使用各种成熟的工具来制定综合的PSM操作纪律和绩效管理体系，并根据特定需求调整其工艺安全管理程序标准和方法，从而帮助转变企业的安全文化、培养员工技能、提高质量和生产率、提升效率、遵守规范、减少事故、降低运营风险并提高安全业绩。杜邦风险管理机制与安全文化机制具体见图1-4。

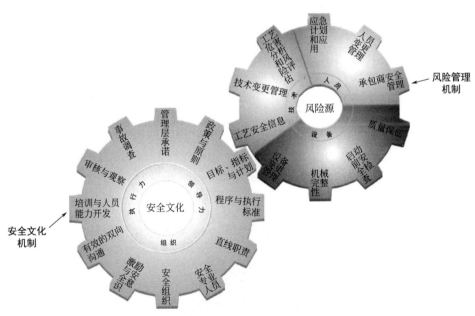

图1-4 杜邦风险管理机制与安全文化机制

企业要想实现"安稳长满优"，就要提升整体的资产效率。实现安全、稳定、长周期、满负荷、优质的卓越运营是否还需考虑其他方面？答案是肯定的，"运营风险管理"就是其重要一环。

评估风险的方法是评估事故发生的可能性以及事故发生后对组织的影响程度。这意味着企业面临着广泛的潜在风险，从高频率/低严重性风险到低频率/高严重性风险，以及介于两者之间的所有风险。考虑到潜在风险的范围很广，而公司能够用于风险管理的资源又是有限的，因此，采取一种能对潜在风险进行适当应对的战略是有意义的。在减轻公司所面临的风险方面，没有一个放之四海皆准的方法，以同样的力度来应对所有的风险根本不现实。

成功的运营风险管理在于识别、评估和控制损失，对相关风险进行差异化管理。通过对经营风险进行排序，整个公司将有一个一致的认识风险的方式，确保什么被归类为风险，不单单是由个人的认知所决定。建立结构化的风险管理流程不仅仅是为了提高效率，更是为了提高公司应对风险的效率。很多时候，公司衡量风险消减的标准是新政策或程序的实施数量，而不是实际风险真正的降低。采用运营风险管理方法可以帮助企业通过优化资源来实现更大的风险降低。有不少企业采用了杜邦可持续解决方案（DSS）所称的"差异化风险"方法，取得了较成功的运营风险管理成果。

运营风险管理是一个决策过程，它系统地帮助识别运营风险和收益，同时确定当前和未来业务运营的最佳行动方案，与商业绩效紧密相连。

运营风险管理涉及企业运营的各个方面，包括流程与工作场所安全、生产、供应链、运营、资产完整性、人才储备等。

杜邦可持续解决方案把运营风险管理从"被动应对"到"主动管理"的演变过程总结为四个阶段：基础阶段、进化阶段、优势阶段和优化阶段。杜邦可持续运营演变阶段见图1-5。

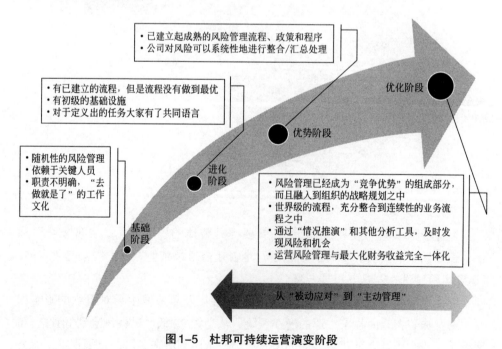

图1-5 杜邦可持续运营演变阶段

① 处于基础阶段的企业对运营风险管理往往是随机性的，依赖于关键人员，同时职责不明确。

② 进入进化阶段的企业通常已建立了初步流程，有初级的基础设施，员工对任务有共识。

③ 到了优势阶段的企业则已建立起成熟的运营风险管理流程、政策和程序，可以系统性地对运营风险进行整合、汇总处理。

④ 达到优化阶段的企业则已将营运风险管理作为其"竞争优势"的一部分，而且融入组织的战略规划之中；它能将运营风险管理流程充分整合到业务流程之中，通过"情况推演"和其他分析工具及时发现风险和机会。"优化阶段"是运营风险管理的最高阶段，它能实现运营风险管理与财务收益最大化。

五、杜邦的安全工作优化

为了优化公司的安全工作，杜邦可持续解决方案总结了运营风险管理四大成功要素：上下联动、综合办法、操作纪律和组织转型。这些要素将帮助建立结构化的流程，提高运营风险管理效率，优化资源，持续降低运营风险。

（1）"上下联动"表示企业应制定公司总体运营风险管理期望，同时结合不同现场和职能部门实际情况，制定能为公司创造价值的管理流程。这样可以避免"一药治百病"的不良局面。

（2）"综合办法"侧重于成果，它将组织职能与预期成果联系起来形成共同目标。这包括管理流程、技术模型、能力建设和行为习惯等方面。

① 管理流程着重于将期望的成果转化为组织各级的关键绩效指标，并建立组织机构，为重要成果保驾护航。

② 技术模型用来制定标准化工具和做法。

③ 能力建设可确保员工获得适当的培训指导，以实施既定的流程。

④ 行为习惯需要不断在公司内部灌输，使所有员工都持有实现关键目标的心态和行为，这也是管理层领导力体现的方式。

（3）"操作纪律"可确保员工每次都以正确的方式遵守一套经过深思熟虑且良好的安全工作实践流程，使管理层和员工能够及时高效地处理日常重要事务。

（4）"组织转型"可促进企业上下实现共同的愿景。为此，每位员工都需要对转型工作拥有话语权，每位员工都要明确认识公司的安全愿景和方向，同时让每位员工都意识到他们贡献的想法和意见都备受重视。

　　企业领导者都很清楚，企业运营的各个环节本身就是环环相扣的，当我们对安全和运营风险管理注入动力后，企业财务收益也联动增长。杜邦的整体管理模式就是由此得以持续有效运行的，而这一模式也将继续推动杜邦走得更远。杜邦安全管理结构见图1-6。

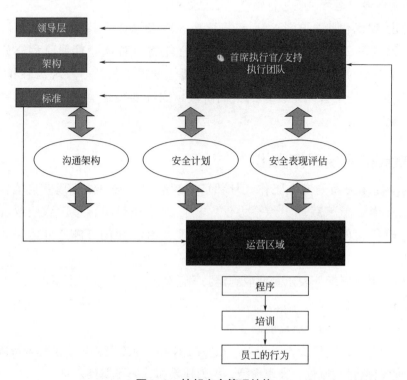

图1-6　杜邦安全管理结构

　　从杜邦公司的发展历史看，可持续发展需要变也需要不变。"变"的是以安全和风险为切入点，从资源分配、组织架构、流程运作等各方面进行变革以提高资产效率，降低运营成本，通过大量的系统的工作，建立和完善以安全和风险管理为驱动的长效管理机制。很多企业高级管理人员担心"变"会带来不稳定，事实上，这里的"变"是变革而非革命，并非推倒重来。

　　杜邦管理模式本身也是从基本的管理要素发展而来，很多管理要素在企业经营中已经得到很好的应用并拥有良好基础，因此成功地引入杜邦管理模式往往意味着企业在原有基础上加以提升和改善、实现无缝对接，甚至很多企业由此发展出一套适合于自身的独特的管理模式。

当这一套科学合理的管理模式建立之后,企业也实现了从量到质的飞跃,这时候企业就需要"不变"的精神,企业只有对"变"的成果加以"巩固、常态、持续"地执行,使之健康有序、持之以恒地运行下去才能最终走向基业长青。

企业安全生产关乎企业生存发展,着力做好重点风险防控和重大隐患治理不懈怠是杜邦安全管理工作的要旨。杜邦通过控制高危作业风险、识别重大工艺风险,明确职责、完善安全管理系统,构建安全管理机制、提高全员安全意识三个阶段的实践,使企业形成良好的安全生态,培育特色安全文化。

六、杜邦的安全信仰

(1)所有伤害和职业病都是可以预防的。

(2)关心工人的安全与健康至关重要,必须优先于关心其他的各项目标。

(3)工人是公司的最重要财富,每个工人对公司做出的贡献都具有独特性和增值性。

(4)为了取得最佳的安全效果,管理层针对其所做出的安全承诺,必须表现出领导作业过程的安全并做出榜样。

(5)安全生产将提高企业的竞争地位,在社会公众和顾客中产生积极的影响。

(6)为了有效地消除和控制危害,应积极地采用先进技术和设计。

(7)工人并不想使自己受伤,因此能够进行自我管理,预防伤害。

(8)参与安全活动,有助于增加安全知识,提高安全意识,增强对危害的识别能力,对预防伤害和职业病有很大的帮助作用。

七、杜邦的安全管理原则

杜邦的安全管理原则是:

(1)将安全视为所从事的工作的一个组成部分。

(2)确立安全和健康作为就业的一个必要条件,每个职工都必须对此条件负责。

(3)要求所有的工人们都要对其自身的安全负责,同时也必须对其他职员的安全负责。

(4)认为管理者要对伤害和职业病的预防负责,对工伤和职业病的后果负责。

(5)提供一个安全的工作环境。

(6)遵守一切职业安全卫生法规,并努力做到高于法规的要求。

(7)把工人在非工作期间的安全与健康作为我们关心的范畴。

(8)需要采用各种方式,充分利用安全知识来帮助我们的客户和社会公众。

(9)使所有工人参与到职业安全卫生活动中去并使之成为产生和提高安全动机、安全知识和安全成绩水平的手段。

(10)要求每一个职员都有责任审查和改进其所在的系统、工艺过程。杜邦安全运行管理流程见图1-7所示。

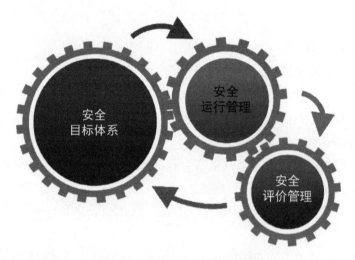

图1-7 杜邦安全运行管理流程

八、杜邦的安全理念

公司面临着一个复杂而又迫切的任务,那就是在事关竞争地位的各个方面——客户服务、质量、生产,要进行不断的提高。但是,所有这一切如果不能安全地去做,就绝不可能做好。杜邦认为,安全具有压倒一切的优先权。无论是生产还是效益,在任何情况下,繁忙的日程也不能成为忽视安全的理由。

1.要警钟长鸣,落实责任

一要紧绷思想之弦。要牢固树立安全发展意识,坚决不要带"血"的收益。要牢固树立安全红线意识,以最坚决的态度守住不发生重特大安全事故这条红线。要牢固树立安全忧患意识,始终保持"防患于未然,把隐患消灭在萌芽状态"的清醒。

二要狠抓工作之责。要分解领导带头的责任，健全"党政同责、一岗双责、失职追责"的安全生产责任体系。要分解任务下沉的责任，明确各部门各单位年度安全生产工作目标。要分解"网格"管理的责任，把责任落实到集团、企业，做到一级抓一级，层层抓落实。

三要用好调度之力。要强化工作部署，及时研究动态，形成规范化、制度化、常态化的工作机制。要针对薄弱环节和突出问题，开展专项整治。要强化督查督办，对任务落实情况，加强明察暗访，及时整改隐患。

2.严格执法，整治隐患

一要深入开展安全生产领域侵害员工利益专项整治。严格监管，大力推进专项整治，着力解决一些难以根治的"牛皮癣"问题，有效防范安全生产领域各类侵害群众利益行为的发生。

二要大力推进安全隐患集中整治行动。在危险领域和生产经营单位集中部署，开展隐患集中整治行动，对所有生产单位"拉网式"排查治理，将集中整治行动与"安全文化"活动统筹结合，同步推进，以密集的专项整治行动将安全生产隐患消灭在萌芽状态。

3.强本固基，提升能力

一要突出抓安全投入。在消除安全隐患、管理控制重大危险源等方面，加大投入，坚决维护安全，决不懈怠折腾。企业要认真落实国家政策，足额提取安全费用，进一步推广安全生产责任保险，为安全生产提供资金保障。

二要突出抓企业主体。积极推进企业安全标准化建设，加快淘汰安全性能低下、职业危害严重、危及安全生产的落后技术、工艺和装备。企业要建设更加坚实的技术保障体系和高效的应急救援体系，切实提高安全生产水平，夯实安全生产基层基础。

九、杜邦安全人人（层层）有责

每个工人都要对其自身的安全和周围工友的安全负责。每个厂长、车间主任及工段长对其手下职员的安全都负有直接的责任。这种层层有责的责任制在整个机构中必须非常明确。

领导一定要多花费一点时间到工作现场，到工人中间去询问、发现和解决安全问题。

提倡互相监督、自我管理的同时，也必须做出这样的组织安排，即：确保领导和工人在安全方面进行经常性的接触。

杜邦认为，安全工作不是某个企业、某个部门、某个人的事情，它需要每个人都承担起这份职责。只有在工作中从我做起，从本职岗位做起，从每一个细节做起，严肃认真，绝不放过任何一个隐患、绝不忽略任何一个疑点，才能有效地防止事故的发生，才能保障生命的安全，才能让亲人少一份牵挂，父母多一份宽慰，家庭多一份欢乐，才能使企业在良好的安全氛围中扬帆前进，创造辉煌。

第二章 杜邦安全文化发展的四个阶段

　　杜邦安全文化说到底是关于人的文化,从人的自然本能阶段发展到严格监督阶段,再到自主管理阶段,进而达到团队管理阶段。这四个阶段的安全文化发展,就是杜邦安全文化的真实写照。如同我国安全管理的从"要我安全"到"我要安全"再到"我会安全"进而发展为"我管安全"是一脉相承的。这里体现了安全文化的力量,是安全文化支撑整个安全与发展的基础,奠定整个安全大厦的基石。

　　现在,我国企业大多数发展为第二阶段即严格监督阶段,有部分企业安全文化发展到第三阶段,极个别企业安全文化发展到第四阶段。通过安全文化的建设和发展,逐步达到自主管理阶段和团队管理阶段,还需要企业广大干部和员工的共同努力。

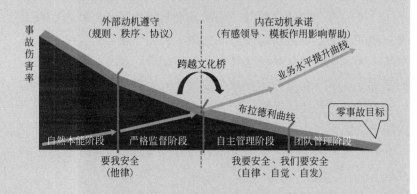

杜邦安全文化的发展经历了四个阶段，即自然本能阶段、严格监督阶段、自主管理阶段和团队管理阶段。这四个阶段是渐进的，是一个阶段比一个阶段更先进、更加自觉、更具文化内涵的。因此，杜邦安全文化是先进的安全文化，是被广大企业接受的安全文化。

杜邦公司是一家以科研为基础的全球性企业，提供能提高人类在食物与营养、保健、服装、家居及建筑、电子和交通等生活领域的品质的科学解决之道。杜邦公司成立于1802年，经历多年发展目前在全球约70个国家经营业务，共有员工80000多人。杜邦的安全文化和安全理念主要体现在以下几个方面：

（1）预防为主。所有事故都是可以防止的。这是杜邦从高层到基层的共同理念。工作场所从来都没有绝对的安全，伤害事故是否发生的决定因素是处于工作场所中员工的行为。管理者并不能为员工提供一个安全的场所，它只能提供一个使员工安全工作的环境。企业要提供一个安全工作场所——即一个没有可识别到的危害的工作场所是不可能的。在很多情况下，是人的行为而不是工作场所的特点决定了伤害的发生。因为所有的事故都是在生产过程中由人对物的行为导致的。人的行为可以通过安全理念加以控制，抓事故预防就是抓人的管理。因此，安全管理要抓员工的意识（包括管理者的意识）、抓员工的参与，杜绝各种各样的不安全行为（包括管理者的违章指挥）。

（2）管理优先。各级管理层对各自的安全直接负责。"员工安全"是杜邦的核心价值观。杜邦公司的高层管理者对其公司的安全管理承诺是：致力于使工人在工作和非工作期间获得最大限度安全与健康；致力于使客户安全地销售和使用我们的产品。为了取得最佳的安全效果，各级领导一级对一级负责，在遵守安全原则的基础上，尽一切努力达到安全目标。安全管理成为公司事业的一个组成部分，安全管理的触角涉及企业的各个层面，做到层层对各自的安全管理范围负责，每个层面都有人管理，每个员工都要对其自身的安全和周围工友的安全负责，每个决策者/管理者乃至小组长对手下员工的安全都负有直接的责任。

（3）行为控制。不能容忍任何偏离安全制度和规范的行为。杜邦的任何一员都必须坚持杜邦公司的安全规范，遵守安全制度。如果不这样去做，将受到严厉的纪律处罚，甚至被解雇。这是对各级管理者和工人的共同要求。工作外安全行为管理和安全细节管理，是杜邦独特的安全文化。"把工人在非工作期间的安全与健康作为我们关心的范畴"，在工作以外的时间里仍然要做到安全第一。杜邦认为工伤与工作之余的伤害，不仅损害员工及其家庭利益，也严重影响公司的正常运行。铅笔不得笔尖朝上插放，以防伤人；不要大声喧哗，以防引起别人紧张；过马路必须走斑马线；骑车时不得听"随身听"；打开的抽屉必须及时关闭，以防人员碰撞；上下楼梯，请用扶手。这些规定，看似烦琐，实际上折射出管理层对员工生命权和健康权的关注。

（4）安全价值。安全生产将提高企业的竞争地位。在杜邦公司所坚信的十大信条里，确信"安全运作产生经营效益"，安全会大大提升企业的竞争地位和社会地位。杜邦很会算安全效益账，他们把资金投入到安全上，从长远考虑成本没有增加，因为预先把事故导致的损失、赔偿所需的资金投入到安全上，既挽救了生命，又给公司带来良好的声誉，消费者对公司更有信心，反而带来效益的大幅增长。

（5）文化模型。杜邦认为，安全文化建设从初级到高级要经历四个阶段。第一阶段，自然本能阶段。企业和员工对安全的重视仅仅是一种自然本能保护的反应，安全承诺仅仅是口头上的，安全完全依靠人的本能。这个阶段事故率很高。第二阶段，严格监督阶段。企业已经建立必要的安全管理系统和规章制度，各级管理层知道自己的安全责任，并做出安全承诺。但企业没有重视对员工安全意识的培养，员工处于从属和被动的状态，害怕被纪律处分而遵守规章制度，执行制度没有自觉性，依靠严格的监督管理。此阶段，安全业绩会有提高，但有相当大的差距。第三阶段，自主管理阶段。企业已经具备很好的安全管理系统，员工已经具备良好的安全意识，员工把安全作为自己行为的一个部分，视为自身生存的需要和价值的实现，员工人人都注重自身的安全，集体实现了企业的安全目标。第四阶段，团队管理阶段。员工不但自己注意安全，还帮助别人遵守安全规则，帮助别人提高安全业绩，实现经验分享，进入安全管理的最高境界。杜邦安全文化发展阶段模型见图2-1。

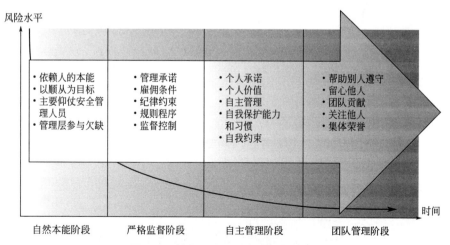

图2-1　杜邦安全文化发展阶段模型

第一节 杜邦安全文化发展的自然本能阶段

一、自然本能阶段的特征

处在自然本能阶段时企业和员工对安全的重视仅仅是一种自然本能保护的反应，表现出的安全行为特征为：

（1）依靠人的本能。员工对安全的认识和反应是出于人的本能保护，没有或很少有安全的预防意识。

（2）以服从为目标。员工对安全是一种被动的服从，没有或很少有安全的主动自我保护和参与意识。

（3）将职责委派给安全经理。各级管理层认为安全是安全管理部门和安全经理的责任，他们仅仅是配合的角色。

（4）缺少高级管理层的参与。高级管理层对安全的支持仅仅是口头或书面上的，没有或很少有在人力物力上的支持。

自然本能阶段具体见图2-2。

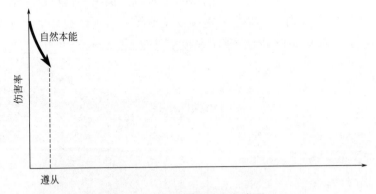

图2-2 自然本能阶段示意图

二、员工的自我保护意识

1.自我安全意识的内涵和实现途径

自我安全就是员工在生产过程中排除外界影响，通过主体的自我意识，始终自觉运用自身安全业务、技术技能，保证自身全过程安全生产的一种工作状态。无论管理是严是松，监督是强是弱，环境是优是劣，是单独工作还是群体作业，员工都能自觉根据自身情况和现场实际，采取自我保护措施。

实现自我安全要做到五个"必须"：一是必须牢固树立"安全第一"的思想；二是必须不断加强安全、业务知识学习；三是必须不断加强业务技能训练；四是必须按规章作业、按规程施工、按程序操作；五是必须自觉服从安全管理、接受监督。

自我安全的目的就是做到"四不伤害"（不伤害自己、不伤害他人、不被他人所伤害、保护别人不被伤害）。培养员工自我安全意识是事关企业发展、事关家庭幸福、事关社会稳定的核心工作。培养员工自我安全意识可以减少人的不安全行为，实现自身安全，为保证家庭幸福和谐创造条件；可以使企业不受安全事故的影响，能够集中精力抓发展，为保证企业的和谐发展奠定基础；可以减少社会对企业安全状况的担心，提升企业的外部形象和市场竞争能力，保证有一个良好的外部环境。因此，只要每一名员工都能做好自我安全，就能够把安全文化建设不断推向深入，也就一定能够实现企业做大做强的目标。

2.培养员工自我安全意识的主要手段

培养员工的自我安全意识需要一个漫长的过程，要以增强员工的自我安全管理能力为目的，着重从教育引导、业务培训、监督检查三个方面入手，逐步培养员工的行为养成，使人人争做"想安全、会安全、能安全"的本质安全人。

（1）加强对员工自我安全意识的教育引导。通过教育引导，使广大员工对自我安全有一个清醒的认识，使每个人知道应该如何做、不能如何做，逐步形成一种自我安全的良好习惯。教育引导要突出以下几个方面：一是抓好警示教育。要通过一些典型案例，或者本单位、班组、个人因缺乏自我安全意识造成的事故，通过板报、宣传册等宣传载体，让职工从思想上有一个警示。二是抓好典型教育。选择在自我安全的正反两方面具有代表性的典型人物"现身说法"，让他们讲自己的经验、教训，增强教育的效果。三是抓好亲情教育。通过组织职工家属到基层为职工送温暖、送祝福，作业前对着"全家福"祝福等方式，用亲人的真切呼唤，来增强职工的自我安全意识。

（2）提高员工的业务能力。企业不仅要使员工从思想上有一个认识，还要从业务上提高能力，使员工们做到不仅"想安全"，而且"会安全"。提高业务能力，要强化培训，严格考勤、考试及考核制度。一是抓好日常学习。充分利用好每天的班前会和每周的安全活动时间，加强安全业务技能学习，特别是针对本单位现场的特点，有针对性地学习如何应对现场危险因素，熟练掌握危险辨识控制对策。二是抓好对员工的定期培训，实行教考分离，建立激励机制，提高培训质量。三是抓好技能竞赛活动。要运用好技能竞赛这一有效载体，通过广泛发动、物质激励等手段，提高全体员工参与的积极性和主动性，增强每一名员工的业务技能。

（3）强化有效监督。离开了监督，人就很难做到持之以恒。要自觉做到自我安全必须有强有力的外力支撑，否则，自觉的行动在一定范围内就会出现偏差，甚至在某一特定的环境中会完全改变。培养员工的自我安全意识还必须强化监督检查。对自我安全意识差、违章违纪现象，要坚决予以制止，发现一次就按规定处罚一次，不能因情分而"下不为例"，决不能因为没有造成事故而姑息迁就。

3. 注意的问题

（1）培养员工自我安全意识必须提炼一套具有本单位特色的核心安全文化理念。培养员工的自我安全意识，应当根据员工文化层次、阅历、能力等方面的特点，提炼一套易懂、易记，能被大家所接受的核心安全文化理念。通过核心安全理念的培育，利用多种形式不断强化全体员工对核心安全理念的认识，达到提高全员自我安全意识的目的。

（2）培养员工自我安全意识必须做到持之以恒。做任何事情都需要有持之以恒的态度，特别是自我安全意识的培养这种思想方面的问题，更需要通过长期、艰苦的努力才能达到。

（3）培养员工自我安全意识必须做到齐抓共管。培养员工的自我安全意识，不能只靠说服教育，更不能只靠行政手段一罚了之来解决。它是一项系统工程，需要各个部门、多种形式、方方面面的工作共同来完成。既要有强有力的思想政治工作来引导，也要有行政处罚手段作辅助，两者缺一不可。它需要党政工团齐抓共管，需要每一名职工、家属的广泛参与，只有这样，才能真正培养起全体员工的自我安全意识，形成安全生产坚不可摧的防线。

三、人性对安全的要求

按照马斯洛需要层次理论，人有五个层次的需要，满足了一个层次必然会有高一层次的需要。这些都是人的本能。马斯洛需要层次具体见图2-3。

（1）生理的需要。这是人类维持自身生存的最基本要求，包括饥、渴、衣、住、性等方面的要求。如果这些需要得不到满足，人类的生存就成了问题。从这个意义上说，生理需要是推动人们行动的最强大的动力。马斯洛认为，只有这些最基本的需要满足到维持生存所必需的程度后，其他的需要才能成为新的激励因素，而到了此时，这些已相对满足的需要也就不再成为激励因素了。

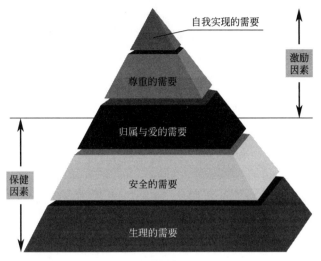

图2-3 马斯洛需要层次

（2）安全的需要。这是人类要求保障自身安全、摆脱事业和丧失财产威胁、避免职业病的侵袭、抵触严酷的监督等方面的需要。马斯洛认为，整个有机体是一个追求安全的机制，人的感受器官、效应器官、智能和其他能量主要是寻求安全的工具，甚至可以把科学和人生观都看成是满足安全需要的一部分。当然，当这种需要一旦相对满足后，也就不再成为激励因素了。

（3）归属与爱的需要。这一层次的需要包括两个方面的内容。一是爱的需要，即人人都需要伙伴之间、同事之间的关系融洽或保持友谊和忠诚；人人都希望得到爱情，希望爱别人，也渴望接受别人的爱。二是归属的需要，即人都有一种归属于一个群体的需要，希望成为群体中的一员，并相互关心和照顾。感情上的需要比生理上的需要来得细致，它和一个人的生理特性、经历、教育、宗教信仰都有关系。

（4）尊重的需要。人人都希望自己有稳定的社会地位，要求个人的能力和成就得到社会的承认。尊重的需要又可分为内部尊重和外部尊重。内部尊重是指一个人希望在各种不同情境中有实力、能胜任、充满信心、能独立自主。总之，内部尊重就是人的自尊。外部尊重是指一个人希望有地位、有威信，受到别人的尊重、信赖和高度评价。马斯洛认为，尊重需要得到满足，能使人对自己充满信心，对社会满腔热情，体验到自己活着的用处和价值。

（5）自我实现的需要。这是最高层次的需要，它是指实现个人理想、抱负、发挥个人的能力到最大程度，完成与自己的能力相称的一切事情的需要。也就是说，人必须干称职的工作，这样才会使他们感到最大的快乐。马斯洛提出，为满足自我实现需要所采取的途径是因人而异的。自我实现的需要是在努力实现自己的潜力，使自己越来越接近自己所期望的模样。

从以上理论可以看出，安全需要是人的最本能的需要之一，虽然人在世界上还有其他更高级的需要，但人只有安全地生存在世界上，才有条件实现其他方面的需要。按照马斯洛的需要层次论，这几种需要的关系见图2-4所示。

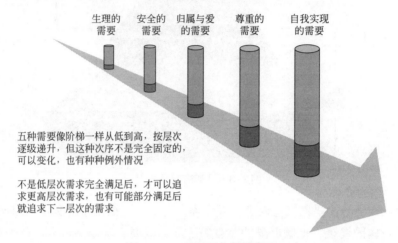

图2-4　五种需要之间的关系

在杜邦安全文化发展的第一阶段——自然本能阶段也完全符合马斯洛需要层次理论。员工首先要确保自身的安全，这种本能的安全要求是与生俱来的。在没有建立安全管理体制和机制的阶段，自然本能对安全的要求是很重要的。

第二节　杜邦安全文化发展的严格监督阶段

一、严格监督阶段的特征

处在严格监督阶段时企业已建立起了必要的安全管理系统和规章制度，各级管理层对安全责任做出承诺，但员工的安全意识和行为往往是被动的，表现出的安全行为特征为：

（1）管理层承诺。从高级至生产主管的各级管理层对安全责任做出承诺并表现出无处不在的有感领导。

（2）受雇的条件。安全是员工受雇的条件，任何违反企业安全规章制度的行为都可能会导致被解雇。

（3）害怕/纪律。员工遵守安全规章制度仅仅是害怕被解雇或受到纪律处罚。

（4）规则/程序。企业建立起了必要的安全规章制度但员工的执行往往是被动的。

（5）监督控制、强调和目标。各级生产主管监督和控制所在部门的安全，不断反复强调安全的重要性，制定具体的安全目标。

（6）重视所有人。企业把安全视为一种价值，不但就企业而言，而且是对所有人包括员工和合同工等。

（7）培训。这种安全培训应该是系统性和针对性的。受训的对象应包括企业的高、中、低管理层，一线生产主管，技术人员，全体员工和合同工等。培训的目的是培养各级管理层、全体员工和合同工具有安全管理的技巧和能力，以及良好的安全行为。

严格监督阶段具体见图2-5。

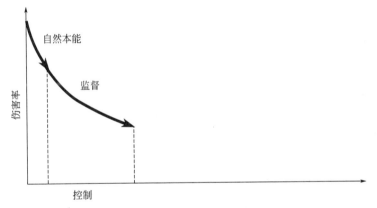

图2-5　严格监督阶段示意图

二、管理层的安全承诺

在杜邦，安全文化除了规章要求外，更重要的是领导的以身作则和员工的亲身参与。杜邦还用员工自己的力量来传播安全理念。就"安全"这一主题，杜邦公司内有"员工安全委员会"，该委员会每月举行一次会议，员工都必须参加。会议通常根据当时热点话题来谈安全，交通安全、雨天安全、行车安全都可以成为话题。安全承诺内容如下。

（1）自觉遵守国家各项法律法规，并且依照相关法律法规和公司的安全规章制度，建立健全安全管理结构，明确自己的安全责任，加强作业安全技术管理，做好作业组织设计和安全技术交底，随时接受甲方和公司相关部门的监督、管理。

（2）对新进厂员工进行三级安全教育，考试合格后方可上岗，建立健全安全管理制度和培训教育记录，保证特种作业人员具有国家承认的特种工资质，持证上岗，配备专业安全管理人员。

（3）为员工提供符合国家标准和行业标准的劳动防护用品，并监督教育其按照规定正确佩戴和使用。

（4）班长作为本班组安全生产管理第一责任人和管理者，把安全工作列为每天的工作重点来抓，坚持"安全第一，预防为主"的方针，树立常抓不懈的思想，教育引导本班组人员在日常工作、生活中严格执行各项安全管理规章制度，教育员工遵纪守法，及时纠正各种违法、违章、违纪和不安全行为。加强各种安全防范措施的落实，坚持每天的站班会制度、周一安全例会制度，认真做好"三交三查"。

（5）根据工作的具体情况，合理安排人员，对该项工作进行安全技术交底，配合工作负责人、作业人员进行危险源分析、辨识，对安全措施提出意见和建议并督促落实，禁止安排无特种工资质的人员从事特种作业。班组负责人严格要求并督促班组人员执行相关的票证制度，绝对禁止无票作业，杜绝无监护作业，安排工作时，指定安全监护人，认真贯彻执行检修安全管理制度。

（6）班组负责人为班组成员的安全负责，发现不安全行为及时制止。在日常的班组管理中，耐心细致，敬业负责，随时接受甲方和项目部对班组管理活动的监督和管理，加强班组的内部管理工作，强化班组负责人的领导责任。

（7）建立、完善班组应急预案体系，加强应急教育、应急队伍建设和演练，使班组成员熟知各种应急知识和避灾路线，一旦发现异常情况，立即撤离到安全区域。建立应急汇报制度，出现紧急情况，立即上报项目负责人或甲方职能部门。

（8）要求班组成员参加业主、项目部和班组组织的各种安全培训、学习、活动、应急演练等，掌握相关的安全生产知识，掌握基本的急救常识，增强事故预防和应急处理能力。

（9）加强作业现场的管理，抓好文明施工，督促班组成员在作业过程中做到"工完料尽场地清"。加强与相关人员的沟通协调，保持各种信息传递畅通。

安全的管理理念为杜邦公司提供了强劲的发展动力，使其在经历任何风险和市场挑战的时候总能顺利过渡而丝毫不会动摇。然而杜邦公司始终明白，企业内部的管理只能保证企业生产和经营上的稳定，杜邦要寻求更大空间、更广阔的前景，就要让自身的安全理念成为一种"资源"，并且通过生产和经营，让公司获取回报,进而形成企业生存和发展的推动力,使公司在竞争中保持不败。

三、员工受雇的条件

杜邦任职的一个条件是:员工必须遵循法律,并遵循公司的商业行为标准,以及与这些标准相关的政策和执行程序。每个员工负有下列责任。

(1)任何决策必须优先考虑健康安全环境。安全工作首先要做到预防为主、源头控制,即在战略规划、项目投资和生产经营等相关事务进行决策时,同时考虑、评估潜在的安全风险,配套落实风险控制措施,优先保障安全条件,做到安全发展、清洁发展。

(2)安全是聘用的必要条件。员工应承诺遵守安全规章制度,接受安全培训并考核合格,具备良好的安全表现是企业聘用员工的必要条件。企业应充分考查员工的安全意识、技能和历史表现,不得聘用不合格人员。

(3)企业必须对员工进行健康安全环境培训。接受岗位安全培训是员工的基本权利,也是企业安全工作的重要责任。企业应持续对员工进行安全培训和再培训,确保员工掌握相关的安全知识和技能,培养员工良好的安全意识和行为。

(4)各级管理者对业务范围内的健康安全环境工作负责。各级管理者是管辖区域或业务范围内安全工作的直接责任者,应积极履行职能范围内的安全职责,制定安全目标,提供相应资源,健全安全制度并强化执行,持续提升安全绩效水平。

(5)各级管理者必须亲自参加健康安全环境检查。各级管理者应以身作则,积极参加现场检查、体系内审和管理评审工作,了解安全管理情况,及时发现并改进安全管理薄弱环节,推动安全管理持续改进。

(6)员工必须参与岗位危害识别及风险控制。任何作业活动之前,都必须进行危害识别和风险评估。员工应主动参与岗位危害识别和风险评估,熟知岗位风险,掌握控制方法,防止事故发生。

(7)事故隐患必须及时整改。所有事故隐患,包括人的不安全行为,一经发现,都应立即整改,一时不能整改的,应及时采取相应监控措施。应对整改措施或监控措施的实施过程和实施效果进行跟踪、验证,确保整改或监控达到预期效果。

(8)所有事故事件必须及时报告、分析和处理。要完善机制,鼓励员工和基层单位报告事故,挖掘事故资源。所有事故、事件,无论大小,都应按"四不放过"原则,及时报告,并在短时间内查明原因,采取整改措施,根除事故隐患。应充分共享事故事件资源,广泛深刻吸取教训,避免事故事件重复发生。

(9)承包商管理执行统一的健康安全环境标准。企业应将承包商安全管纳入内部安全管理体系。承包商应按照企业安全管理体系的统一要求，在安全制度标准执行、员工安全培训和个人防护装备配备等方面加强内部管理，持续改进安全表现，满足企业要求。

四、严格执行安全制度

杜邦全球各事业单位都采用统一的安全准则（Safety & Health Guidelines）及绩效标准，若工厂所在地的法令规定较杜邦严格者，则采用工厂所在地国家的法令规定。

杜邦的安全是整合在事业管理系统中的，工厂（或事业单位）各阶层管理者均被适当授权去负责监督、量测、评估其责任范围安全目标的达成，即安全是线上主管的责任（safety is line responsibility）。比如：监督作业品质与数量；以各种报表监督自己部门应达成的目标；检查"建议改进事项"是否按期执行改善完毕，并评估执行改善后的效果（注："建议改进事项"来自稽核发现的缺点、事故调查报告、制程危害分析报告等）；检查环境监测、设备检查、预防保养及人员训练是否完成并评估其成效；对自己部门或参与其他部门进行安全稽核等。

稽核是提升安全绩效的良方，所有的安全活动都透过稽核来评估是否达到计划目标。稽核结果在绩效评估的应用上是多方面的，它除了对发现的缺陷采取改正的措施以外，不同的稽核有其不同的方法来表示安全绩效。兹举三例，说明如下：

（1）制程安全稽核。制程安全稽核是安全管理系统稽核的一种，稽核是使用杜邦设计好的稽核检核表逐条逐项以"文件审查、人员访谈、现场查核"去考评每项检核项目执行的情况，并以"打分数"表示其执行绩效。稽核结果的报告，除了所得"分数"之外，另有"总评""现场观察发现的缺点"等三份报告。"分数"绩效是以实得分数除以满分的分数，即以达成目标的百分比来表示，此即为量化绩效的部分；"总评"报告中，会把工厂的优点及重大缺点根据公司政策、法令规定及杜邦的安全准则加以评论，用以说明其优缺点并要求改进；"现场观察发现的缺点"，每一缺点都有"改善建议"，改善建议是根据法令、杜邦的工程标准及安全准则而来的，被稽核单位必须依照"改善建议"执行改善并报备。这三份报告即工厂在制程安全管理上的绩效。

制程安全稽核是第二者稽核（Second Party Audit）的一种，这个稽核由杜邦总部派人组成稽核小组到各厂进行稽核。第二者稽核除"制程安全"之外还有"一般安全""职业健康""防火""环保""运输"等，共六种稽核，其稽核频率是根据工厂制程的危害特性、工厂意外事故发生的频率及严重性来决定。

(2) 作业安全观察。作业安全观察，顾名思义，就是通过对作业单位整体或员工个体行为安全的观察，并对照安全规程、作业规程、操作规程作出提醒、停止、整改的修改措施，从而得出行为观察的记录资料，作为风险评价、制度调整、流程再造的依据。

作业安全观察是主管人员对自己部属实施行为安全观察与改正的一种稽核。当观察到员工的不安全行为（Unsafe Act，UA）时，主管人员要立即与员工沟通，以改正员工的不安全行为。不安全状况（Unsafe Condition，UC）是人员不安全行为的结果，主管也必须追究并找到造成不安全状况的人并与其沟通面谈，面谈是为了告知他的错误，并教导他正确的做法（不是为了指责他），以提升员工的安全知识与观念，这是提升安全绩效最有效的方法之一。

把安全观察的结果转换为安全绩效指数（Safety Performance Index，SPI），将此结果作成展示板，竖立在工厂大门，让员工进出工厂大门即可看到自己的安全表现，这是各厂普遍采用的安全绩效激励方法。它是把不安全行为与不安全状况（UA/UC）依其严重性加以量化，比如轻微的1/3分，中度的1分，严重的3分，分别乘以观察到的UA/UC的数目，即得总分数，再除以当月观察人数以求得不安全绩效指数。

安全绩效指数提供的信息是人员（包括员工与承包商人员）遵守安全规定（安全规则，标准作业程序）的频率的高低。当安全绩效指数低时，表示这个工厂的人员的行为有很高的频率是不遵守安全规定的，这个工厂的伤害或事故频率必高；反之，必低。因为根据统计资料显示90%以上的伤害事故是"人的不安全行为的结果"。

(3) 杜邦全新高级安全培训及监察制度。为提高安全检查质量，杜邦委派专人设计出"杜邦全新高级安全培训及监察制度"，简称"杜邦全新高级STOP制度"，并配合这一制度设计了方便自学的手册和录像。"杜邦全新高级STOP制度"分为四个部分，提供了全新的安全检查理念和技术，以帮助受训者提高以下技能：①安全检查技巧；②安全检查交流技巧；③安全报告技巧；④事故调查技巧。

杜邦全新高级STOP制度在提高安全生产管理水平方面发挥了重要的作用。假如在生产中发生了事故，可以利用杜邦全新高级STOP制度全方位地分析事故发生的原因以及事故的影响程度。这些分析总结不仅能准确地评估这次事故本身，使发生事故的单位避免再次发生此类事故，而且也能为其他的杜邦生产企业敲响警钟，提供信息，从而做到防患于未然。

五、重视所有过程的安全

过程安全管理的主要内容和任务包括：收集和利用化工过程安全生产信息；

风险辨识和控制；不断完善并严格执行操作规程；通过规范管理，确保装置安全运行；开展安全教育和操作技能培训；严格新装置试车和试生产的安全管理；保持设备设施完好性；作业安全管理；承包商安全管理；变更管理；应急管理；事故和事件管理；化工过程安全管理的持续改进等。

1. 安全生产信息管理

（1）全面收集安全生产信息。企业要明确责任部门，全面收集生产过程涉及的化学品危险性、工艺和设备等方面的全部安全生产信息，并将其文件化。

（2）充分利用安全生产信息。企业要综合分析收集到的各类信息，明确提出生产过程安全要求和注意事项。通过建立安全管理制度、制定操作规程、制定应急救援预案、制作工艺卡片、编制培训手册和技术手册、编制化学品间的安全相容矩阵表等措施，将各项安全要求和注意事项纳入自身的安全管理中。

（3）建立安全生产信息管理制度。企业要建立安全生产信息管理制度，及时更新信息文件。企业要保证生产管理、过程危害分析、事故调查、符合性审核、安全监督检查、应急救援等方面的相关人员能够及时获取最新安全生产信息。

2. 风险管理

（1）建立风险管理制度。企业要制定化工过程风险管理制度，明确风险辨识范围、方法、频次和责任人，规定风险分析结果应用和改进措施落实的要求，对生产全过程进行风险辨识分析。

对涉及重点监管危险化学品、重点监管危险化工工艺和危险化学品重大危险源（以下统称"两重点一重大"）的生产储存装置进行风险辨识分析，要采用危险与可操作性分析（HAZOP）技术，一般每3年进行一次。对其他生产储存装置的风险辨识分析，针对装置不同的复杂程度，选用安全检查表、工作危害分析、预危险性分析、故障类型和影响分析（FMEA）、HAZOP技术等方法或多种方法组合，可每5年进行一次。企业管理机构、人员构成、生产装置等发生重大变化或发生生产安全事故时，要及时进行风险辨识分析。企业要组织所有人员参与风险辨识分析，力求风险辨识与分析全覆盖。

（2）确定风险辨识分析内容。过程风险分析应包括：工艺技术的本质安全性及风险程度；工艺系统可能存在的风险；对严重事件的安全审查情况；控制风险的技术、管理措施及其失效可能引起的后果；现场设施失控和人为失误可能对安全造成的影响。在役装置的风险辨识分析还要包括发生的变更是否存在风险，吸取本企业和其他同类企业事故及事件教训的措施等。

（3）制定可接受的风险标准。根据国家有关规定或参照国际相关标准，确定本企业可接受的风险标准。对辨识分析发现的不可接受风险，企业要及时制定并落实消除、减小或控制风险的措施，将风险控制在可接受的范围。

3. 装置运行安全管理

（1）操作规程管理。企业要制定操作规程管理制度，规范操作规程内容，明确操作规程编写、审查、批准、分发、使用、控制、修改及废止的程序和职责。操作规程的内容应至少包括：开车、正常操作、临时操作、应急操作、正常停车和紧急停车的操作步骤与安全要求；工艺参数的正常控制范围，偏离正常工况的后果，防止和纠正偏离正常工况的方法及步骤；操作过程的人身安全保障、职业健康注意事项等。

操作规程应及时反映安全生产信息、安全要求和注意事项的变化。企业每年要对操作规程的适应性和有效性进行确认，至少每3年要对操作规程进行审核修订；当工艺技术、设备发生重大变更时，要及时审核修订操作规程。

要确保作业现场始终存有最新版本的操作规程文本，以方便现场操作人员随时查用；定期开展操作规程培训和考核，建立培训记录和考核成绩档案；鼓励从业人员分享安全操作经验，参与操作规程的编制、修订和审核。

（2）异常工况监测预警。企业要装备自动化控制系统，对重要工艺参数进行实时监控预警；要采用在线安全监控、自动检测或人工分析数据等手段，及时判断发生异常工况的根源，评估可能产生的后果，制定安全处置方案，避免因处理不当造成事故。

（3）开停车安全管理。企业要制定开停车安全条件检查确认制度。在正常开停车、紧急停车后的开车前，都要进行安全条件检查确认。开停车前，企业要进行风险辨识分析，制定开停车方案，编制安全措施和开停车步骤确认表，经生产和安全管理部门审查同意后，要严格执行并将相关资料存档备查。

4. 岗位安全教育和操作技能培训

（1）建立并执行安全教育培训制度。企业要建立厂、车间、班组三级安全教育培训体系，制定安全教育培训制度，明确教育培训的具体要求，建立教育培训档案；要制订并落实教育培训计划，定期评估教育培训内容、方式和效果。从业人员应经考核合格后方可上岗，特种作业人员必须持证上岗。

（2）从业人员安全教育培训。企业要按照国家和企业要求，定期开展从业人员安全培训，使从业人员掌握安全生产基本常识及本岗位操作要点、操作规程、危险因素和控制措施，掌握异常工况识别判定、应急处置、避险避灾、自救互救等技能与方法，熟练使用个体防护用品。当工艺技术、设备设施等发生改变时，要及时对操作人员进行再培训。要重视开展从业人员安全教育，使从业人员不断强化安全意识，充分认识化工安全生产的特殊性和极端重要性，自觉遵守企业安全管理规定和操作规程。企业要采取有效的监督检查评估措施，保证安全教育培训工作质量和效果。

（3）新装置投用前的安全操作培训。新建企业应规定从业人员文化素质要求，变招工为招生，加强从业人员专业技能培养。工厂开工建设后，企业就应招收操作人员，使操作人员在上岗前先接受规范的基础知识和专业理论培训。装置试生产前，企业要完成全体管理人员和操作人员岗位技能培训，确保全体管理人员和操作人员考核合格后参加全过程的生产准备。

5.试生产安全管理

（1）明确试生产安全管理职责。企业要明确试生产安全管理范围，合理界定项目建设单位、总承包商、设计单位、监理单位、施工单位等相关方的安全管理范围与职责。

项目建设单位或总承包商负责编制总体试生产方案、明确试生产条件，设计、施工、监理单位要对试生产方案及试生产条件提出审查意见。对采用专利技术的装置，试生产方案经设计、施工、监理单位审查同意后，还要经专利供应商现场人员书面确认。

项目建设单位或总承包商负责编制联动试车方案、投料试车方案、异常工况处置方案等。试生产前，项目建设单位或总承包商要完成工艺流程图、操作规程、工艺卡片、工艺和安全技术规程、事故处理预案、化验分析规程、主要设备运行规程、电气运行规程、仪表及计算机运行规程、联锁整定值等生产技术资料、岗位记录表和技术台账的编制工作。

（2）试生产前各环节的安全管理。建设项目试生产前，建设单位或总承包商要及时组织设计、施工、监理、生产等单位的工程技术人员开展"三查四定"（"三查"为查设计漏项、查工程质量、查工程隐患；"四定"为整改工作定任务、定人员、定时间、定措施），确保施工质量符合有关标准和设计要求，确认工艺危害分析报告中的改进措施和安全保障措施已经落实。

系统吹扫冲洗安全管理。在系统吹扫冲洗前，要在排放口设置警戒区，拆除易被吹扫冲洗损坏的所有部件，确认吹扫冲洗流程、介质及压力。蒸汽吹扫时，要落实防止人员烫伤的防护措施。

气密试验安全管理。要确保气密试验方案全覆盖、无遗漏，明确各系统气密的最高压力等级。高压系统气密试验前，要分成若干等级压力，逐级进行气密试验。真空系统进行真空试验前，要先完成气密试验。要用盲板将气密试验系统与其他系统隔离，严禁超压。气密试验时，要安排专人监控，发现问题，及时处理；做好气密检查记录，签字备查。

单机试车安全管理。企业要建立单机试车安全管理程序。单机试车前，要编制试车方案、操作规程，并经各专业确认。单机试车过程中，应安排专人操作、监护、记录，发现异常立即处理。单机试车结束后，建设单位要组织设计、施工、监理及制造商等方面人员签字确认并填写试车记录。

联动试车安全管理。联动试车应具备下列条件：所有操作人员考核合格并已取得上岗资格；公用工程系统已稳定运行；试车方案和相关操作规程、经审查批准的仪表报警和联锁值已整定完毕；各类生产记录、报表已印发到岗位；负责统一指挥的协调人员已经确定。引入燃料或窒息性气体后，企业必须建立并执行每日安全调度例会制度，统筹协调全部试车的安全管理工作。

投料安全管理。投料前，要全面检查工艺、设备、电气、仪表、公用工程和应急准备等情况，具备条件后方可进行投料。投料及试生产过程中，管理人员要现场指挥，操作人员要持续进行现场巡查，设备、电气、仪表等专业人员要加强现场巡检，发现问题及时报告和处理。投料试生产过程中，要严格控制现场人数，严禁无关人员进入现场。

6.设备完好性（完整性）

（1）建立并不断完善设备管理制度。

建立设备台账管理制度。企业要对所有设备进行编号，建立设备台账、技术档案和备品配件管理制度，编制设备操作和维护规程。设备操作、维修人员要进行专门的培训和资格考核，培训考核情况要记录存档。

建立装置泄漏监（检）测管理制度。企业要统计和分析可能出现泄漏的部位、物料种类和最大量。定期监（检）测生产装置动静密封点，发现问题及时处理。定期标定各类泄漏检测报警仪器，确保准确有效。要加强防腐蚀管理，确定检查部位，定期检测，建立检测数据库。对重点部位要加大检测检查频次，及时发现和处理管道、设备壁厚减薄情况；定期评估防腐效果和核算设备剩余使用寿命，及时发现并更新更换存在安全隐患的设备。

建立电气安全管理制度。企业要编制电气设备设施操作、维护、检修等管理制度。定期开展企业电源系统安全可靠性分析和风险评估。要制定防爆电气设备、线路检查和维护管理制度。

建立仪表自动化控制系统安全管理制度。新（改、扩）建装置和大修装置的仪表自动化控制系统投用前、长期停用的仪表自动化控制系统再次启用前，必须进行检查确认。要建立健全仪表自动化控制系统日常维护保养制度，建立安全联锁保护系统停运、变更专业会签和技术负责人审批制度。

（2）进行设备安全运行管理。

开展设备预防性维修。关键设备要装备在线监测系统。要定期监（检）测检查关键设备、连续监（检）测检查仪表，及时消除静设备密封件、动设备易损件的安全隐患。定期检查压力管道阀门、螺栓等附件的安全状态，及早发现和消除设备缺陷。

加强动设备管理。企业要编制动设备操作规程，确保动设备始终具备规定的工况条件。自动监测大机组和重点动设备的转速、振动、位移、温度、压力、腐蚀性介质含量等运行参数，及时评估设备运行状况。加强动设备润滑管理，确保动设备运行可靠。

开展安全仪表系统安全完整性等级评估。企业要在风险分析的基础上，确定安全仪表功能（SIF）及其相应的功能安全要求或安全完整性等级（SIL）。企业要按照《过程工业领域安全仪表系统的功能安全》（GB/T 21109）的要求，设计、安装、管理和维护安全仪表系统。

7.作业安全管理

（1）建立危险作业许可制度。企业要建立并不断完善危险作业许可制度，规范动火、进入受限空间、动土、临时用电、高处作业、断路、吊装、抽堵盲板等特殊作业安全条件和审批程序。实施特殊作业前，必须办理审批手续。

（2）落实危险作业安全管理责任。实施危险作业前，必须进行风险分析、确认安全条件，确保作业人员了解作业风险和掌握风险控制措施、作业环境符合安全要求、预防和控制风险措施得到落实。危险作业审批人员要在现场检查确认后签发作业许可证。现场监护人员要熟悉作业范围内的工艺、设备和物料状态，具备应急救援和处置能力。作业过程中，管理人员要加强现场监督检查，严禁监护人员擅离现场。

8.承包商管理

（1）严格承包商管理制度。企业要建立承包商安全管理制度，将承包商在本企业发生的事故纳入企业事故管理。企业选择承包商时，要严格审查承包商有关资质，定期评估承包商安全生产业绩，及时淘汰业绩差的承包商。企业要对承包商作业人员进行严格的入厂安全培训教育，经考核合格的方可凭证入厂，禁止未经安全培训教育的承包商作业人员入厂。企业要妥善保存承包商作业人员安全培训教育记录。

（2）落实安全管理责任。承包商进入作业现场前，企业要与承包商作业人员进行现场安全交底，审查承包商编制的施工方案和作业安全措施，与承包商签订安全管理协议，明确双方安全管理范围与责任。现场安全交底的内容包括：作业过程中可能出现的泄漏、火灾、爆炸、中毒窒息、触电、坠落、物体打击和机械伤害等方面的危害信息。承包商要确保作业人员接受了相关的安全培训，掌握与作业相关的所有危害信息和应急预案。企业要对承包商作业进行全程安全监督。

9.变更管理

（1）建立变更管理制度。企业在工艺、设备、仪表、电气、公用工程、备件、材料、化学品、生产组织方式和人员等方面发生的所有变化，都要纳入变更管理。变更管理制度至少包含以下内容：变更的事项、起始时间，变更的技术基础、可能带来的安全风险，消除和控制安全风险的措施，是否修改操作规程，变更审批权限，变更实施后的安全验收等。实施变更前，企业要组织专业人员进行检查，确保变更具备安全条件；明确受变更影响的本企业人员和承包商作业人员，并对其进行相应的培训。变更完成后，企业要及时更新相应的安全生产信息，建立变更管理档案。

（2）严格变更管理。

① 工艺技术变更。主要包括生产能力，原辅材料（包括助剂、添加剂、催化剂等）和介质（包括成分比例的变化），工艺路线、流程及操作条件，工艺操作规程或操作方法，工艺控制参数，仪表控制系统（包括安全报警和联锁整定值的改变），水、电、气、风等公用工程方面的改变等。

② 设备设施变更。主要包括设备设施的更新改造、非同类型替换（包括型号、材质、安全设施的变更）、布局改变，备件、材料的改变，监控、测量仪表的变更，计算机及软件的变更，电气设备的变更，增加临时的电气设备等。

③ 管理变更。主要包括人员、供应商和承包商、管理机构、管理职责、管理制度和标准发生变化等。

（3）变更管理程序。

① 申请。按要求填写变更申请表，由专人进行管理。

② 审批。变更申请表应逐级上报企业主管部门，并按管理权限报主管负责人审批。

③ 实施。变更批准后，由企业主管部门负责实施。没有经过审查和批准，任何临时性变更都不得超过原批准范围和期限。

④ 验收。变更结束后，企业主管部门应对变更实施情况进行验收并形成报告，及时通知相关部门和有关人员。相关部门收到变更验收报告后，要及时更新安全生产信息，载入变更管理档案。

10.应急管理

（1）编制应急预案并定期演练完善。企业要建立完整的应急预案体系，包括综合应急预案、专项应急预案、现场处置方案等。要定期开展各类应急预案的培训和演练，评估预案演练效果并及时完善预案。企业制定的预案要与周边社区、周边企业和地方政府的预案相互衔接，并按规定报当地政府备案。企业要与当地应急体系形成联动机制。

（2）提高应急响应能力。企业要建立应急响应系统，明确组成人员（必要时可吸收企外人员参加），并明确每位成员的职责。要建立应急救援专家库，对应急处置提供技术支持。发生紧急情况后，应急处置人员要在规定时间内到达各自岗位，按照应急预案的要求进行处置。要授权应急处置人员在紧急情况下组织装置紧急停车和相关人员撤离。企业要建立应急物资储备制度，加强应急物资储备和动态管理，定期核查并及时补充和更新。

11. 启停车安全管理

化工装置的启停车也叫开停车。在化工生产中，开停车的生产操作是衡量操作工人水平高低的一个重要标准。主要包括：①开车前的准备工作；②单机试车；③联动试车；④化工投料试车；⑤系统考核；⑥安全停车。其中，停车包括正常停车、局部紧急停车、全面紧急停车等。

杜邦公司是一个主要以化工为主的公司，其对开停车的安全要求是十分严格的。他们的措施有：①建立与企业规模相适应的安全管理体系；②建立开停车安全责任管理体系；③严格开停车安全管理文件的编制与审核；④建立内部开停车专家论证制度；⑤加强安全教育培训并对在职员工进行身体安检；⑥组织开展全面安全管理（TSC）活动，组建全面安全管理小组，确保开停车的安全顺利进行。

由于有严密的组织和严格的措施，杜邦公司在开停车方面，很少发生事故。

12. 事故和事件管理

（1）未遂事故等安全事件的管理。企业要制定安全事件管理制度，加强未遂事故等安全事件（包括生产事故征兆、非计划停车、异常工况、泄漏、轻伤等）的管理。要建立未遂事故和事件报告激励机制。要深入调查分析安全事件，找出事件的根本原因，及时消除人的不安全行为和物的不安全状态。

（2）吸取事故（事件）教训。企业完成事故（事件）调查后，要及时落实防范措施，组织开展内部分析交流，吸取事故（事件）教训。要重视外部事故信息收集工作，认真吸取同类企业、装置的事故教训，提高安全意识和防范事故能力。

13. 持续改进化工过程安全管理工作

（1）企业要成立化工过程安全管理工作领导机构，设立主要负责人，组织开展本企业化工过程安全管理工作。

（2）全面收集安全生产信息，全面收集生产过程涉及的危险化学品特性、反应工艺和设备运行状况等安全生产信息，并将其文件化。充分利用这些信息进行综合分析，根据分析结果明确生产过程安全要求和注意事项。

（3）企业要把化工过程安全管理纳入绩效考核。要组成由生产负责人或技术负责人负责，工艺、设备、电气、仪表、公用工程、安全、人力资源和绩效考核等方面的人员参加的考核小组，定期评估本企业化工过程安全管理的功效，分析查找薄弱环节，及时采取措施，限期整改，并核查整改情况，持续改进。要编制功效评估和整改结果评估报告，并建立评估工作记录。

14. 危险品物流配送风险管理

（1）危险品物流营运风险：①客户方带来的风险。②硬件设备带来的风险。

③管理人员带来的风险。

（2）防范策略：①深入调查、科学预测，建立科学有效的决策机制。②加强物流项目投资管理，增强抵御经营风险能力。危险品物流项目投资方案一经选用，就应付诸实施。③严格的制度管理。

杜邦公司在危险品物流营运中进行严格的安全管理，取得了很好的效果。首先，严把人员招聘关。如从业人员资格审查，进行理论考试，经过身体检验和职业病体检等。其次，强化人员安全培训。如季节性安全培训，专项操作培训，防御性驾驶培训等。第三，加强车辆的检查维护。如日常保养与定期维护相结合，一日三检（出车前、行驶中、收车后），做好行车日志等。第四，除了车载GPS、行车记录仪外，还加装主动安全预警系统。如疲劳报警，视线长时间脱离路面报警，车道偏离提醒，车道保持能力下降提醒，防碰撞提醒，急加减速，高速过弯提醒等。

由于杜邦公司周密细致的安全考虑和安全措施，杜邦公司危险品运输的安全一直位于全球先进行列。

第三节 杜邦安全文化发展的自主管理阶段

一、自主管理阶段的特征

自主管理阶段，企业已具有良好的安全管理及其体系，安全获得各级管理层的承诺，各级管理层和全体员工具备良好的安全管理技巧、能力以及安全意识，表现出的安全行为特征为：

（1）个人知识、承诺和标准——员工具备熟识的安全知识，员工本人对安全行为做出承诺，并按规章制度和标准进行生产。

（2）内在化——安全意识已深入员工之心。

（3）个人价值——把安全作为个人价值的一部分。

（4）关注自我——安全不但是为了自己，也是为了家庭和亲人。

（5）实践和习惯行为——安全无时无刻不在员工的工作中，工作外，成为其日常生活的行为习惯。

（6）个人得到承认——把安全视为个人成就。

自主管理阶段具体见图2-6。

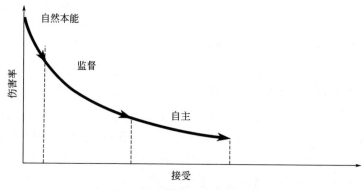

图2-6　自主管理阶段示意图

二、安全是个人价值的一部分

1.安全意识是安全价值观的基础

有什么样的意识就会产生什么样的行为，因为行为是由意识来支配的。在安全管理上，安全意识是决定安全价值观的基础。树立正确的安全价值观，首先要有强烈的安全意识，这就要求首先要进行安全意识的教育。安全意识可以通过安全培训、事故案例分析、安全论坛、安全知识考试等方式进行。其中，事故案例分析是培养安全意识的有效途径，通过让发生事故的过来人讲讲事故的经过，可以起到很好的警示作用。一般来说，遭遇过事故或者受过事故伤害的人，他们的安全意识就会强一些，这是因为事故的经历已经在他们的心里深深扎根。让这些经历事故者"现身说法"，让受伤害者把经历事故和受到伤害的真实感受向广大职工进行宣讲，会收到比较好的效果。再就是选用典型的事故案例，组织大型事故分析会，让参加者受到教育。不管采取何种教育方式，目的就是让广大职工增强安全意识，进而树立正确的安全价值观。

2.安全技能是安全价值观的体现

安全技能是一个人掌握安全技术的能力，实践证明，安全技能直接关系到作业者的安全状况，也从中体现出个人的安全价值观。这一点在特殊工种作业人员身上体现得格外突出，因为特种作业人员从事的工种特殊，稍有不慎就会造成人身伤害事故。例如：电工作业人员，如果不了解或不知道电器基本常识、电器基本原理、电路敷设规则等，在作业时，极有可能造成事故的发生。其他工种也是一样，这就要求必须进行各工种安全技能的培训学习，使作业人员懂得怎样干安全，怎样干不安全，把学到的知识应用到实际工作中，避免受到伤害。有些人，在作业过程中不懂装懂，不会装会，尤其是到了陌生作业环境中，在不了解所处环境状况的情况下，盲目作业，结果造成伤害，这是安全技能贫乏造成的，也就是说自身的安全价值观存在问题，没有认识到安全技能的重要性。

3. 自身行为是安全价值观的运用

正确的安全价值观运用到实际工作中去，能够约束自己的行为，有效地避免事故的发生。在交通行业，司机有了正确的安全价值观，驾车时就会严格按照道路交通法律法规的要求，谨慎驾驶，安全行车。即使碰到有些车辆强超强占，也会采取恰当的方式给予解决。反之，有些驾驶员缺乏相应的安全意识和职业道德，违规开车，有的甚至不顾一车人的生命野蛮开车，结果造成重特大交通事故的发生。在企业的生产过程中也是一样，有些人员违章作业造成事故，他不是吸取事故教训，总结事故经验，反思自己的作业行为，而是认为自己倒霉，结果是三天两头地出事故，成了名副其实的事故大王。这就说明有什么样的安全价值观就会有什么样的行为，有什么样的行为就会导致什么样的结果。

4. 保障安全是安全价值观的本质

谁都希望自己平平安安一辈子，可这一切必须是建立在正确安全价值观之上的，也就是说安全价值观的本质是保障自身安全，因为人的不安全行为都是在一定的心理活动下产生的，是心理活动的外在体现。根据有关部门的统计，现代工业生产中85%以上的事故与人的因素有关。这就要求在安全管理上，必须从强化制度、加强培训、从严管理等各方面入手，以人性化安全管理为依托，通过讲道理、摆事实，设身处地地为职工着想，深化职工对安全生产重要性的认识，帮助职工克服麻痹侥幸心理，树立正确的安全价值观。

三、安全是员工的行为习惯

1. 行为习惯是安全文化建设的根本落脚点

行为习惯是在一定时间内逐渐养成的，它与人后天条件反射系统的建立有密切关系。安全文化建设可以规范人的安全行为，使每个人都能意识到安全的含义、对安全的责任、应具有的道德，从而能自觉地规范自己的安全行为，也能自觉地帮助他人规范安全行为。

在我们生活和生产过程中，保障安全的因素有很多，如环境的安全条件，生产设施、设备和机械等生产工具的安全可靠性，安全管理的制度等，但归根结底是人的安全素质，人的安全意识、态度、知识、技能等，而最终都要落实到人的行为习惯。安全理念的建设对人的习惯养成发挥着重要的作用，其表现为四种力，即影响力、激励力、约束力和导向力。影响力是通过安全理念的建设，影响决策者、管理者和员工对安全的正确态度和意识，强化企业中每一个人的安全意识，从而促进行为习惯的养成。激励力是通过安全理念建设和行为习惯的养成，激励每一个人保持安全行为的自觉性，具体对于企业决策者就是要对安全生产投入重视，管理态度要积极，对于员工则是保证安全生产操作、自觉遵章守纪。约束力是通过安全理念的建设，提高企业决策者的安全管理能力和水平，规范其管理行为，通过安全理念的制约，约束员工的安全生产行为，消除违章。导向力是通过安全理念建设对每一个人的安全意识、观念、态度、行为的引导。对于不同层次、不同生产或生活领域、不同社会角色和责任的人，安全理念的导向作用既有相同之处，也有不同方面。如对于安全意识和态度，无论什么人都应是一致的；而对于安全的观念和具体的行为方式，则会随着具体的层次、角色、环境和责任不同而有所区别。

2. 关键在于让安全理念成为行为习惯

既然安全理念是安全文化建设的核心，行为习惯是安全文化建设的根本落脚点，那么安全文化建设的关键就是让安全理念成为行为习惯。有什么样的理念就会有什么样的行为，但这种理念要成为行为习惯绝不是自然而然的事情，必须要在养成上下功夫。从实践看，让安全理念成为行为习惯有五条基本途径。

（1）提炼升华。安全理念长期存在于安全文化建设和安全管理的实践中，如果不去积极主动地挖掘、提炼，这种理念就是一种潜在的、零散的、不系统的甚至是过时的理念，只有认真地总结、整合、提升这种理念，使之具有符合时代发展要求的特性，才能成为先进的、系统的、与时俱进的理念。所以，从安全文化建设的起始阶段，就要十分注重通过总结提炼、研讨整合来提升安全理念的品位。同时，提炼升华的过程也是培养认同感的过程，可以结合自己的工作实际，通过发动群众广泛征集，多层次深入研讨，精心提炼出具有本企业特色的安全理念，如"安全是最大的责任，安全是最大的福利，安全是最大的效益""不能管好安全的干部就是不称职的干部，不能保证安全的职工就是不称职的职工"等，为统一干部职工的思想发挥作用。

（2）强化教育。让安全理念成为行为习惯必须坚持深入持久地开展理念教育，通过安全理念的引导，使企业全体员工把安全生产的价值与自身的劳动价值和人生价值统一起来，建立起崭新的安全理念系统和行为规范。以专业培训、案例启发、现场实战演示、寓教于乐等方式，不断提高职工的安全文化素质。

（3）管理渗透。让安全理念成为行为习惯必须要以各阶段的中心任务、重点工作为着力点，把安全文化的任务、要求与安全管理有机地结合起来，渗透进去，充分发挥各级管理干部在安全文化建设中的特殊优势和作用，加大安全管理中的文化含量，努力提高管理艺术，优化管理手段，带出过硬队伍。

（4）规范养成。让安全理念成为行为习惯必须把科学、严格、规范、有序的管理实践作为理念和行为养成的重要途径和保证。一方面通过先进安全理念的灌输，强化干部职工的安全自觉，引导实践养成；另一方面注重运用既反映安全规律，又是安全文化重要内容的规章制度，规范干部职工的管理和作业行为，促进实践养成。比如可以采取"对照理念"找差距、"实话实说"谈理念、"话里话外"促规范、"主题故事"引启发、"研讨交流"抓深化等多种生动有效的形式促进安全理念成为行为习惯。

（5）典型引路。让安全理念成为行为习惯必须坚持典型引路的方法。既要注重树立正面典型，以促进安全理念的进一步升华，又要注重狠抓反面典型，力戒把安全理念口号化和形式化。通过典型引路，真正把安全理念落到实处，将其转变为企业员工的自觉行为，从而进一步促进安全文化建设的整体推进。

第四节　杜邦安全文化发展的团队管理阶段

一、团队管理阶段的特征

在团队管理阶段，企业安全文化深得人心，安全已融入企业组织内部的每个角落。安全为生产，生产讲安全。表现出的安全行为特征如下。

（1）帮助别人遵守——员工不但自己自觉遵守而且帮助别人遵守各项规章制度和标准。

（2）留心他人——员工在工作中不但观察自己岗位上而且留心他人岗位上的不安全行为和条件。

（3）团队贡献——员工将自己的安全知识和经验分享给其他同事。

（4）关注他人——关心其他员工，关注其他员工的异常情绪变化，提醒安全操作。

（5）集体荣誉——员工将安全作为一项集体荣誉。

团队管理阶段具体见图2-7。

二、帮助别人遵章守纪

一是法律约束。要把企业的领导和职工的安全生产意识，提高到安全生产的法治观念的高度上来，使全体劳动者以国家现有的劳动安全卫生法律、法规约束个人的行为。

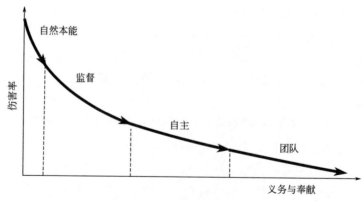

图2-7 团队管理阶段示意图

二是制度约束。企业必须根据其特点,建立完备的各项安全规章制度、安全操作规程以及工艺规程,严格要求劳动者按制度和规章进行生产,提高全体劳动者安全生产的责任感。

三是标准约束。也就是企业的安全生产必须实现标准化,在生产现场做到统一标准。对操作者、指挥者都应该统一到一个标准上。对安全生产的考核,也必须按统一标准进行。

四是检查约束。企业各级管理者、安全生产检查人员等深入到安全生产的现场中,深入细致地进行安全生产检查,杜绝违章,发现问题,立即整改。同时,要使检查工作做到经常化、制度化、标准化。只要措施得到具体落实,无论对各级管理者还是安全检查人员,都是一种良好的约束。

五是监督约束。加强安全生产管理网络的监督作用,各级安全管理、监督人员的作用绝不可忽视,在各自巡视的范围内,预先发现、分析、判断或控制各种不安全因素,防止事故的发生。监督也是一种自我约束。

三、讲求团队协作

1.培养员工团队协作能力

团队强调的是协同工作,所以团队的工作气氛很重要,它直接影响团队的合作能力。没有完美的个人,只有无敌的团队,团队中的个人取长补短,相互协作。在一个团队中,每个成员都有自己的优点和缺点。作为团队的一员应该主动去寻找团队成员的优点和积极品质,如果团队的每位成员,都主动去寻找其他成员的积极品质,那么团队的协作就会变得很顺畅,工作效率就会提高。团队精神最高境界是"不抛弃,不放弃"。

2.提高员工安全工作主观能动性

马克思哲学观点认为,主观能动性是人类特有的,动物是不具备主观能动性的。而所谓一些动物如人一样地做某些事情,这不是主观能动性,而是动物出于生存需要的必备活动,也可以在一定程度上称为本能。因此,在安全工作中应提高员工的主观能动性。

3. 运用因素理论中的激励因素以提高安全工作积极性

激励因素是指能使员工产生积极态度、满意和激励作用的因素。激励因素的改善能够极大地激发员工的工作热情,提高劳动生产率。但在运用激励因素的同时也应把那些与人们的不满情绪有关的因素,包括公司政策、管理措施、监督、人际关系、工资、福利待遇等融合其中。应做到奖罚分明,让员工知道在安全工作中奖罚是分明的,这样既调动了员工的安全生产积极性,又让员工知道安全工作是受管控的。

4. 加强员工职业安全技能培训

首先,让员工定期参加一些他们通常不参加的会议,这样将有利于开阔视野,增强互助的协助精神。其次,在公司内外组织一个"金点子"俱乐部活动,训练员工的思维与观察能力,养成动脑习惯。最后,做好员工职业规划,鼓励其参加继续安全教育,参加公司内外的安全培训班,并制定相应的安全奖励政策。

5. 安全管理者应该运用道格拉斯·麦格雷戈的XY理论

X理论认为要用报酬来激励生产,企业要重视满足职工生理及安全需要,同时也要重视惩罚。

Y理论告诉管理者,要尊重和相信下属员工,要提供工作和发展的条件和机会,要想办法激励和调动员工的工作积极性,使人的智力、才能得到充分发挥,在满足个人需求和目标的同时完成组织的目标。

从Y理论的角度来看,对员工的安全激励主要是来自工作本身的内在激励,如担当具有挑战性的工作、担负更多的责任,促使其工作做出成绩,满足其自我实现的需要。在安全管理制度上应给予员工更多的自主权,实行自我控制,让员工参与安全管理和决策,并共同分享权力。安全管理者的重要任务是创造一个使人得以发挥才能的工作环境,发挥出员工的潜力,并使员工在为实现组织的目标贡献力量时,也能达到自己的目标。此时的管理者已不仅仅是指挥者、调节者或监督者,而是发挥着辅助者的作用,从旁给员工以支持和帮助。

需要指出的是X理论和Y理论是两种极端的观点,X理论更适合人们低层次需求不能得到满足的情况,Y理论更适合人们低层次需求已经得到满足的情况。

6. 以人(员工)为中心,以人为本

企业是员工的归属,员工是企业的财富。经营企业就是经营人心,因此企业就要以人(员工)为中心,尊重人、依靠人、发展人、激励人、为了人,关心员工的生活,关心员工的福利,扶弱恤贫,解决员工实际困难。

企业要在生活上帮助员工，把温暖送到员工的心坎上，积极营造宽松、愉快、文明、向上的文化环境；在工作上关心员工，比如每年组织一次免费体检；重视员工的权益和员工福利，比如节日福利、生日会、春季踏青、聚餐等。

四、要有集体荣誉感

集体荣誉感对于集体和个人显得十分重要，如今，许多企业已经充分意识到这一点。而荣誉感应该来自对企业或部门的归属感，由此及彼，环环相扣。有集体荣誉感的人是可信任的，因为通常这类人在工作上好像有用不完的精力。至此，工作已成为一种需要，而且是精神和物质的双重需要。

荣誉是对胜利的最高奖赏。没有荣誉感的人生，是黑漆漆的、黯淡无光的；有荣誉感的人生，是积极向上的，是五彩缤纷的。人是理智感情和品格发展到最高程度的动物，因此人不只要生存，而且要荣誉。荣誉是人生中值得追求的东西，所以英国的诗人拜伦有两句诗道："情愿把光荣加冕在一天，也不愿悄无声息地过一生。"

1. 集体荣誉感的重要性

（1）集体荣誉感建设必须具备相应的管理制度。在集体荣誉感建设中，一些严格的规章制度是必不可少的，并且要不断地修订、补充和完善各种班组建设考评标准、工作条例，以制度来约束、规范、细化、量化班组工作，使班组建设工作做到有章可依，有据可查，以制度、规范来保障和促进班组建设工作健康、持续发展，使班组建设迈上新台阶。如果说严格的规章制度是建设的硬件，那么形成强烈的集体荣誉感就是建设的软件。集体荣誉感属于精神层面的范畴，在企业基层班组这样一个集体中，成员之间的合作意识、相互信任感、自豪感等都可以包括其中，它对班组成员积极进取、奋发上进具有指导和促进的作用，是推进集体创新和发展的内在动因。有了集体荣誉感，成员就会热爱这个集体，并发挥主动性和创造性，表现出主人翁的责任感。为了集体，每个成员都会不断进取，产生积极向上的强烈愿望，做到心往一处想、劲往一处使，形成一种合力，从而使企业基层班组更加具有凝聚力和竞争力。

（2）集体荣誉感组成因素包括以下方面：

① 班组成员对其他成员的信任。

② 是否得到班组其他成员的信任。

③ 班组中每个成员对所在集体的深刻认知。

④ 集体中成员之间的团结协作。班组成员通过在工作过程中的合作从而相互了解，有过配合与合作后自然会形成一定的信任，集体荣誉感也就更加强烈。

（3）增强企业成员集体荣誉感的途径包括以下方面：

① 以集体的成绩鼓舞人。各类集体荣誉，可以调动班组成员的向心力，使班

组成员更加热爱班组这个集体，同时增加班组成员的自信心。要充分利用集体已经取得的成绩，发挥班组成员的主观能动性，使班组成员认识到个人的成绩是集体荣誉的基础，集体荣誉是个人成绩的体现，使班组个人和集体紧密相结合。

② 以先进的典型带动人。要在集体里肯定先进典型的作用，甚至要放大他们的优点。榜样的力量是无穷的，班组可以从多渠道、多层面充分利用好班组中先进典型的正面教育作用，及时宣传公布班组成员获得的各级别的先进荣誉。这样既可以增强先进典型的集体意识，又能在班组中树立正确的价值观，形成正确的舆论导向，从而利用先进典型的作用带动班组成员形成集体荣誉感，增强基层班组的凝聚力和战斗力。

③ 以积极的竞赛激励人。对于企业间、班组间组织的各项劳动竞赛、健康向上的文化体育活动，凡是要求以班组为单位参加的，都要高度重视。班长要带头将成员的思想认识统一到一起，要精心策划、事先做好班组成员的思想动员工作，充分调动起每位班组成员的参与热情和积极性。杜绝应付检查、敷衍了事、缺乏深入、流于形式等现象。在参与劳动竞赛、各类活动的过程中，竞争对手之间的比、学、赶、超会使班组成员的自豪感和荣誉感油然而生，对于班组成员形成集体荣誉感具有非常积极的作用。

④ 以正确的舆论影响人。在班组中要通过严格规范的制度奖优罚劣，及时宣传正面典型，组织学习反面典型案例，充分利用好宣传栏、荣誉栏、网络、会议、稿件等多种宣传工具，在班组中树立正确的舆论导向。要使班组成员清楚地认识集体荣誉关系到个人荣誉，个人荣誉又与集体荣誉息息相关，两者是相辅相成的。正确的舆论导向会对个体发展起到潜移默化的影响，发挥激励和制约作用，有利于班组形成良好的集体荣誉感。班组集体荣誉感的形成是个长期而反复的过程，只有不断强化企业基层安全管理，在建立健全各项规定的硬件基础上，再向工作中不断添加新的内容，用创新的观念去工作，把团结、协作精神贯穿于工作始终，才能在班组中形成积极、健康、向上的集体荣誉感，从而为基层班组建设筑好坚实的精神基础，引导班组达到学习型、创新型、节约型、安全型、和谐型这"五型单位"的要求。

2.杜邦公司集体荣誉感实例

安全工作需要集体荣誉感。一个没有荣誉感的团队是没有希望的团队，一个没有荣誉感的员工不会成为一名优秀的员工，对此，我们应该深信不疑。请看下面一个现实的杜邦公司的例子。

1993年11月24日，麦克尔·柯维，美国海军退伍军人，杜邦公司两年工龄员工，接受了"年度杜邦员工最高成就奖"。作为一名军人，他已获得了无数荣誉，而作为一名员工，他也仅用两年就达到了个人职业生涯的高峰。

麦克尔出生于美国底特律南部迪尔本镇一个普通的农民家庭，19岁高中一毕业就应征入伍，之后开始了为期10年的军人生涯，在这10年的军旅生活中，美国海军的"军人之魂"重新塑造了他的性格，他视荣誉如生命。这对他后来走上工作岗位，并成为一名出色的员工，产生了深远的影响。

1993年，麦克尔已在杜邦公司工作两年了。在这两年里，他第一年就被评为公司"优秀员工"，并在第二年被评为公司唯一的"明星员工"。之后，他幸运地被提升为全公司营业部经理。公司总部的嘉奖令上是这样写的："麦克尔•柯维先生已经把杜邦公司当成了他自己的公司，我们没有理由不奖励麦克尔•柯维先生。确实，这是我们共同的公司。"

杜邦公司员工麦克尔的这段经历告诉我们，如果一个员工对自己的工作有足够的荣誉感，以自己的工作为荣，他必定会焕发出无比的工作热情。每一个企业都应该对自己的员工进行荣誉感的教育，每一个员工都应该唤起对自己岗位的荣誉感。可以说，荣誉感是团队的灵魂。

一个团队、一个公司对于我们每个人的意义也许不尽相同，但对于忠诚的员工来讲，公司则是家的感觉。对生产企业里的员工来说，"安稳长满优"的生产让他们感觉到很有集体荣誉感。

优秀的公司是由优秀的员工组成的，公司因有这样优秀的员工而自豪。当公司的发展遇到困难时，员工会感到自己责任重大，为改变公司窘境而倾心尽力。当然了，公司也会以员工为荣，也会给予相应的回报。

大家既然是同在一条船上，同在一个大家庭里，那么理应成为一个团结互助的团队，同舟共济，拧成一股绳，共同维护集体的荣誉和利益。可以说，团队荣誉感是维系团队成为一个整体的灵魂。这在企业发展中是企业文化，在企业安全管理中是企业安全文化。

第五节 解读杜邦布莱德利安全文化曲线

1995年，美国杜邦公司总结企业安全管理实践经验，提出了著名的布莱德利安全文化曲线，找到了实现世界一流安全绩效的内在规律。从那时直到今天这一模型深刻地影响着各大企业的安全管理。今天让我们来解读这一模型，以及如何借助这一模型转变观念和行为，实现对这一模型思维的最佳诠释和运用。

一、布莱德利安全文化曲线模型

在20世纪90年代初期，杜邦公司拥有多个不同的事业部，涵盖业务涉及多个不同行业，在全球拥有300多家工厂。各个工厂面临的管理挑战既有共同点，又有各自的独特性，比如技术能力不足、设备和资产的老化、熟练劳动力的缺乏（地区分布不均）等，各个工厂的安全绩效也存在很大差异。

公司管理层希望了解造成安全绩效存在如此大差异的原因。所以，公司选派了博蒙特工厂的一位名为布莱德利的主管，走访各个工厂，以实地考察其中原因。他发现，那些安全绩效突出的工厂，其生产率、质量和利润率等主要指标往往都不错；反之，那些安全绩效不好的工厂，这些指标也不好。从那时起，杜邦逐步认识到安全文化或者准确地说文化成熟度是安全及企业绩效的根本驱动力和预测器，安全绩效和其他绩效指标一样都是某种深层次因素的结果。这一发现协调了安全与生产之间的矛盾管理，使其成为协调一致的管理要素，也符合杜邦安全管理直线负责制的传统。借鉴高效认识的七个行为模型，将其原理扩展到企业安全文化范畴，杜邦提出了安全文化的四个阶段：自然本能、严格监督、自主管理、团队合作阶段。

杜邦布莱德利曲线阐释了企业成熟度是个人及公司的核心价值、态度、认识、能力、行为模式的总和，具有独特的发展规律。模型直观地揭示了安全文化与事故率之间的关系，以及和其他风险预期、生产率、质量和利润率等主要指标间的对应关系，并全面总结了每个发展阶段的组织和个人的思想与行为特征。如同从孩子成长到成人，人的心智越成熟，对自身和周围环境的认知越清晰，就越具备自我保护能力而免于受到伤害。相应地，企业安全文化发展越成熟，对风险的控制能力越强，事故率也就越低，同时生产效率和工作质量也得到提升，从而企业竞争力得到增强。自1995年以来，杜邦布莱德利曲线已被广泛使用于杜邦内部，也被全球许多行业和国家的企业广泛借鉴。布莱德利曲线和企业效益增长曲线见图2-8。

二、布莱德利安全文化曲线的形成过程

第一个也是最重要的是保持主动性，这正是杜邦布莱德利安全文化曲线的基础所在。在自主管理阶段和团队合作阶段，企业管理响应更微小的事前信号，这些微小信号更加基础和深层次，更容易被忽视，要求企业管理者具备更加深刻的认知，具有更高一层的整合能力。比如在本能阶段，在有人受伤的时候才会做出响应，而在其他阶段，你还要对未遂事件做出响应。

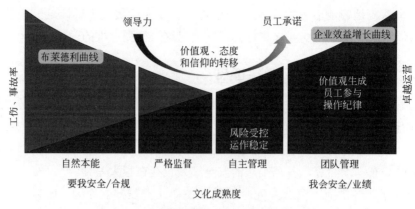

图2-8 布莱德利曲线和企业效益增长曲线

通过积累风险管理的数据,将这些数据和文化成熟度连接起来,企业就形成了过程性指标,可以开展预测性数据分析和风险管理。例如,设备维护检查的结果、人力资源指标、退休浪潮涌现(意味着经验的潜在损失)等都可以帮助企业预测经营风险并采取相应措施和管理行动。

另一个是整体思考。健康和安全与其他要素是分不开的。例如,如果你有一个关于主管培养的程序,你如何将健康和安全要素整合到其中呢?观察问题要从整体变化出发,健康和安全管理可以作为执行这一项任务的途径。安全不是独立存在的,应该和整体管理融合在一起,它们都是组织的一部分,不能单独分开来看。

三、布莱德利安全文化曲线的演变过程

早期杜邦布莱德利安全文化曲线描绘了绩效与文化之间的关系。之后,添加了一个方向相反的价值曲线。最初的时候,你处于自然本能阶段,专注于降低风险。这一阶段的意思是,如果你出血了,那么止血就是你的第一要务。当文化不断发展并且实现从严格监督阶段到自主管理阶段的首次关键转变,你会开始看到价值,包括提升员工敬业度,加强风险控制,能够对事前微小信号做出响应等。而这需要主动性,鼓励员工提出改进建议,而不是简单地被动应对突发事件或未遂事件。一旦企业开始创建这样的文化时,将会发现在所有经营环节都出现价值增值,这一转变所能带来的价值远不仅限于安全范畴。

企业越来越多地采用曲线思维,更多地关注员工的价值观,而不是降低风险。从严格监督阶段到自主管理和团队合作阶段这一关键转变也需要不同风格的领导力来实现,安全部门和人员的职责逐渐变得更具辅助性和建议性。

四、布莱德利安全文化曲线改善了企业安全文化

长久以来,所有公司都致力于使自身发展符合杜邦布莱德利安全文化曲线,但是笔者的建议是先退后一步好好审视一下自己,即你目前处于什么阶段,希望达到什么目标,以及你是否需要达到严格监督、自主管理或团队管理阶段。

企业往往把自主管理阶段和团队管理阶段当作发展方向和目标,但是二者是建立在成熟的监督文化基础上的,成熟的严格监督文化的基础是严明的操作纪律和公正一致的执行。换句话说,如果你还不具备严格监督文化的成熟度,就希望向自主阶段发展,往往需要付出更多的努力和成本。

所以,如果你想在企业中应用杜邦布莱德利安全文化曲线,你需要在初期建立一种具有严格监督性的企业文化。另外,公司需要了解自主管理阶段的特征,并以此为依据迅速做出更优决策。但依然,严明的操作纪律和准确的执行是成熟的自主管理和团队管理文化必不可少的要素。

真正了解你所在的行业和固有风险,最重要的是确定自身的现实状况特征。这有助于你了解自身所需要实现的目标。杜邦布莱德利安全文化曲线的意义并非一刀切地让所有人千篇一律地采用同样的模式。

五、布莱德利安全文化曲线挖掘员工行为的内在动机

严格监督阶段主要依靠法律法规和规章制度的合规性等外在动机驱动,在合规性驱动的文化中,员工仅在有主管或安全人员监督的情况下才会遵守规则,一旦脱离监督,他们会立刻恢复自以为"正常"的不安全行为习惯。

关键点是,遵循合规性驱动,会面临鱼与熊掌不可兼得的选择:要么不遵守规章,要么完全忘记管理的初衷。所建立的规则越多,人们就越有可能忘却最初的目标,而仅仅依靠这些体制规则行事,会趋于僵化。而内在动机试图使人们重新记起工作的初衷。

合规体系的发展总是希望对大量日常工作进行事无巨细的规定,那么一旦情况有变,发生意外事件时,员工们就需做出不同决策,而这往往在程序中并未涉及,因为规则不可能穷尽操作细节。因此,员工不仅仅要有内在动机,还需具备风险意识。

六、布莱德利安全文化曲线帮助客户实现一流的安全绩效

数十年来,杜邦积累了许多不同行业的安全文化数据,并且每天都在增加。杜邦对企业开展安全文化感知度调查,并同其他企业对标,以此为基准,设定发展目标和提出改进措施。

更为重要的是布莱德利安全文化曲线已经成为一种思维模式和思维习惯，企业按照这样的模式结合自身特点去创新管理方法，建立有自身特色的安全文化。杜邦自身的管理实践是可以借鉴的实践脚本，我们也在不断地传播安全文化和杜邦行之有效的实践经验，帮助企业建立曲线思维，转变观念与行为模式。

七、布莱德利安全文化曲线将滞后指标转化为先行指标

一个总体原则是在不同的阶段要开发适合的过程指标。如果公司文化尚处于自然本能阶段，则需关注的第一个目标是确保报告数据的正确性，从而实现对实际情况的全面了解。在处于自然本能阶段的企业文化中，很多事务通常是隐蔽性的，而这会导致很严重的后果。例如，一家企业每年工伤死亡人数达到50人，但同时也发现死亡人数最多的地区的损工事件率很低。这不符合经验和统计规律，实际上他们的数据存在异常——他们没有报告实情。这时，就不能只关注事故率的下降，而应该把所有事故都报告出来，把一切都摊开来说清楚，这时倡导无责任报告文化是打破僵局的起点，管理层需要意识到在初期的一段时间内，尽管你加强了管理措施和行动，但事故数据记录必定是会上升的。

一旦迈向自主管理阶段，企业就能初见成效，员工开始从事故中学习教训，实施相关纠正措施。那么企业是否善于利用经验教训呢？重复性事故的发生次数是一个滞后指标，但也是一种先行思考因素——是否有效地利用了经验教训，是否向其他部门充分分享，使各个部门互相学习等。

随着公司的不断发展壮大，就要关注主动性方面的指标，可以见证各种创意和理念的喷发。例如，可以对负责设施巡查的操作人员进行访问，询问其对未遂事件的预防有何建议，以及是否有具体事情影响其工作专注度等。

八、布莱德利安全文化曲线面临的最大挑战

大多数公司不会质疑曲线的有效性，但是普遍的挑战是很难实现曲线目标。原因多种多样，关键是：安全管理工作不能全权委托给安全部门；企业的各级管理者需身先士卒地推动安全管理。如果仅将安全工作委托给专业安全管理人员，那么公司将始终陷于自然本能阶段和严格监督阶段而无法取得进一步提升。安全工作的成功推行需要领导层的坚定承诺和有感领导、员工的全情参与以及大量时间和资源的投入。

第三章 杜邦『有感领导』内含文化底蕴

杜邦"有感领导"就是企业的领导在安全生产中听到、看到、感觉到安全工作。企业领导的安全示范力"有感"：领导通过自己的言行示范，给予安全工作的人力、物力、财力的保障，让员工体会到领导对安全工作的重视。企业领导的安全影响力"有感"：员工的感觉不是领导者本人的感觉，要让员工体会到领导对安全的关注以及对安全文化理念的升华。企业领导的安全执行力"有感"：企业形成自上而下的、坚强有力的全员参与的安全文化建设活动，全员参与的安全生产管理过程，企业各级管理者深入生产一线、深入岗位现场，以身作则、亲力亲为，切实弘扬安全文化。

有感领导体现的是有安全认知的领导；有感领导表现的是做好安全工作的示范性；有感领导实现的是安全工作的目的性。在企业安全文化建设中，需要有安全感召力的领导，需要有企业全员的参与，这是有感领导在安全文化建设中的重要条件。

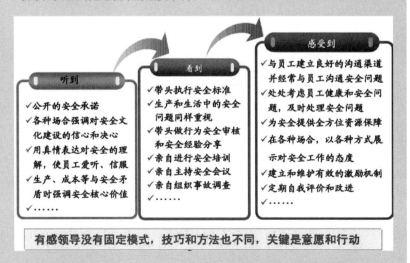

听到
- 公开的安全承诺
- 各种场合强调对安全文化建设的信心和决心
- 用真情表达对安全的理解，使员工爱听、信服
- 生产、成本等与安全矛盾时强调安全核心价值
- ……

看到
- 带头执行安全标准
- 生产和生活中的安全问题同样重视
- 带头做行为安全审核和安全经验分享
- 亲自进行安全培训
- 亲自主持安全会议
- 亲自组织事故调查
- ……

感受到
- 与员工建立良好的沟通渠道并经常与员工沟通安全问题
- 处处考虑员工健康和安全问题，及时处理安全问题
- 为安全提供全方位资源保障
- 在各种场合，以各种方式展示对安全工作的态度
- 建立和维护有效的激励机制
- 定期自我评价和改进

有感领导没有固定模式，技巧和方法也不同，关键是意愿和行动

第一节 "有感领导"运作体系

有感领导，顾名思义就是有安全认知的领导，是指企业各级领导通过以身作则的良好个人安全行为，使员工真正感知到安全生产的重要性，感受到领导做好安全的示范性，感知到自身做好安全的必要性。所谓"有感领导"，是指有安全感召力的领导，即要求各级领导通过员工可以看到、听到、体验到的方式展现自己对安全的承诺，具体包括承诺与保障、带头与示范、影响与感染等方面。

有感领导主要包含的内容是：安全管理的核心价值、安全生产方针和原则、安全生产目标和各项指标与绩效评估，还包括安全工作职责、安全教育培训、安全行为观察与沟通，以及安全工作奖励与表扬。另外有感领导还设定了安全管理的流程，并体现了有感领导的基本原则。有感领导的体现内容见图3-1。

```
主要方面                设定管理流程        有感领导体现的原则
· 核心价值、方针和原则    · 明确期望值        · 以身作则
· 目标、指标和绩效评估    · 取得共识          · 辅导直接下属
· 工作职责              · 得到认同          · 重申要求
· 培训                  · 引领/管理         · 始终如一
· 行为观察与沟通
· 奖励和表扬
```

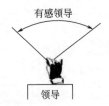

图3-1 有感领导的体现内容

"有感领导，直线责任，属地管理"其实并不是什么高、新、特的管理理念，它只是把目前大多数人都在实施的管理思想，进行了概括和浓缩，使得管理理念更精练、更简洁而已。有感领导，实际就是领导以身作则，把安全工作落到实处。无论在舆论上、建章立制上、监督检查管理上，还是人员、设备、设施的投入保障上，都落到实处。通过领导的言行，使下属听到领导讲安全，看到领导实实在在做安全、管安全，感觉到领导真正重视安全。

一、"有感领导"的含义和基本原则

1.诞生过程

美国杜邦公司首创的"有感领导",诞生于早期杜邦公司严峻的安全生产环境中。杜邦公司早期火药生产过程中的高风险性和安全管理措施的不完善使生产中曾发生过多次严重安全事故。事故使杜邦公司的高层领导意识到,各级管理层对安全负责和员工的参与,是当时公司能否生存的重要条件。

埃留特·伊雷内·杜邦把自己的家建在车间上面的山坡上,让自己的安全和员工的生命安全联系在一起。特别是在1818年杜邦历史上最严重的40名工人丧生的爆炸事故发生以后,公司规定在杜邦的家族成员亲自操作之前,任何员工不允许进入一个新的或重建的工厂,并进一步强化高层管理者对安全的负责制。该制度演变为如今杜邦公司管理层的"有感领导"。现在有感领导已经成为安全领导力有代表性的词汇,即领导通过自己言行示范,给予安全工作的人力、物力、财力保障,让员工体会到领导对安全的重视。

2."有感领导"的含义

有感领导的具体含义是企业各级领导通过以身作则的个人安全行为,以及体现出良好的领导能力和组织能力,使员工真正感知到安全生产的重要性,感受到领导做好安全工作的示范性,感悟到自身做好安全工作的必要性。

有感领导的核心是各级领导干部应从关心员工生命的角度出发,把HSE管理放到与生产、经营同等重要的位置上。同时,在HSE管理过程中应提供人、财、物、技术和信息等方面的资源保障,使得各项安全措施可以得到有效落实和执行,并带头履行安全职责,模范遵守安全规定,以自己的实际言行展现对HSE管理工作的重视,进而影响和带动全体员工自觉执行HSE规章制度,形成良好的安全文化氛围。

3.有感领导的基本原则

(1)领导的积极参与和承诺是做好安全工作的基础。安全环保关键在领导,有感领导应该将企业对待安全的期望清晰地、全面地进行定义和说明,并确保其得到真正的理解、接受和落实执行。公司主要领导亲自做安全专题讲座,不仅明确地向整个公司传达安全的根本重要性,也表明了他个人对安全工作的重视和承诺。

(2)履行岗位安全环保职责是体现有感领导的基本要求。HSE职责是岗位职责的重要组成部分,安全管理是每个管理者的职责。各级管理者是管辖区域或业务范围内HSE工作的直接责任者,各级领导都要按照"谁主管,谁负责"原则,积极履行职能范围内的HSE职责,制定HSE目标,提供资源,健全HSE

制度并强化执行，持续提升HSE绩效水平。也就是说，从公司的一把手到现场的基层管理者，每一位领导都要对其所管辖的员工在工作场所的安全负责，即各级领导是首席安全员，安全专业人员只是协助管理者将安全工作做好的咨询师、专家和顾问，员工是安全工作的积极参与者。

（3）有感领导要带头牢固树立"所有事故都是可以防止的"理念。各级领导只要始终坚持"所有事故都是可以防止的"原则，带头从"人、机、环、管"四个方面开展工作安全分析，查找各个环节存在的隐患，制定削减措施，人的不安全行为就可以得到纠正，物的不安全状态可以消除，作业的不安全方式可以杜绝，环境的不安全因素可以得到改善。这样才能营造一个良好的安全作业氛围，引导员工养成良好的工作习惯，从而避免事故的发生。

（4）树立榜样，落实有感领导必须要从自身和细节做起。有感领导的核心作用在于示范性和引导作用。领导者若能树立好的榜样，则能更深远地影响员工。正所谓"身教重于言传"。各级领导要以身作则，率先垂范，如进入施工现场穿戴好劳动防护用品，乘车主动系好安全带，这些细节都会深深影响身边的员工，让员工看到、感受到"有感领导"。

二、"有感领导"的安全职责

"有感领导"的安全职责指各级领导通过带头履行HSE职责，模范遵守HSE规定，以自己的言行展现对HSE工作的重视，让员工真正看到、听到和感受到领导在关心员工的安全，在高标准践行安全，使员工真正感知到HSE工作的重要性，感受到领导做好HSE工作的示范性，感悟到自身做好HSE工作的必要性，进而影响和带动全体员工自觉执行HSE规章制度，形成良好的安全环保氛围。

1.有感领导的核心作用在于示范性和引导作用

各级领导要以身作则，率先垂范，制订并落实个人安全工作行动计划，坚持安全环保从小事做起，从细节做起，切实通过可视、可感、可悟的个人安全行为，引领全体员工做好安全环保工作。

2.直线责任，就是"谁的工作，谁负责""是谁的责任，谁负责"

更具体地说就是，谁是第一责任人，谁负责；谁主管，谁负责；谁安排工作，谁负责安全；谁组织工作，谁负责；谁操作，谁负责；谁监督，谁负责；谁设计编写，谁负责；谁审核，谁负责；谁批准，谁负责。各司其职，各负其责。

在企业界，直线责任者通常是指直接介入生产该组织产品或服务的人员。他们身处组织各阶层，在各阶层、各阶段做出决策，也为最后成果负责。这些人如研发人员、生产人员、业务人员等。幕僚人员则指不直接介入者，他们提供建议、咨询、支持或服务，以协助直线责任者达成目标，他们如品保人员、人资人员、物管人员等等。

3.属地管理，就是"谁的地盘，谁管理"

企业"属地管理"中的"属地"，是指甲方生产经营活动的管理区域。而政府"属地管理"中的"属地"，是指生产经营单位的注册地、生产经营活动的所在地（生产安全事故的发生地）。

是谁的生产经营管理区域，谁就要对该区域内的生产安全进行管理。这实际是加重了甲方的生产安全管理责任，比如各油田的采油厂、各建设用地单位。无论是甲方、乙方，还是第三方，或者是其他相关方（包括上级检查人员、外单位参观考察人员、学习实习人员、周围可能进入本辖区的公众），在安全生产方面都要受甲方的统一协调管理，当然其他各方应当接受和配合甲方的管理。施工方在自觉接受甲方的监督管理的基础上，各自做好各自的安全管理工作，比如各修井作业单位、钻井单位、建筑施工单位。

三、"有感领导"产生的"三个力"

1.安全领导力

安全领导力是指领导在安全方面的意识、管理水平，直接影响了企业在安全方面的取得的业绩。在不断强调企业安全生产主体责任的今天，如果企业领导对安全管理不重视，缺乏现代安全管理理念、能力和意识，在抓HSE管理工作中仍采用"事后管理"的手段，安全制度得不到有效执行，则企业安全管理势必出现滑坡，进而增大风险，进一步增加了事故的发生率。

笔者就领导在安全生产中的作用作如下阐述。

从安全领导能力来说，一个领导，如果在安全上的领导能力不足，对安全的认识不清，不能有效定义安全价值，那么，将直接影响企业的安全价值观。安全价值观作为企业安全管理的根基，如果不稳固，那么企业的安全水平自然受到限制。

领导安全能力不等同于业务能力，领导能力是方向，是指引，是战略决策；业务能力是方法，是途径，是手段，是战术方法。

从领导的安全影响力来说，领导无时无刻不在通过其言行对其周围产生影响，这种影响或是积极的，或是消极的。真正的领导不是头衔，头衔只能提供给你展示安全领导力的机会。一个人若只有"领导"头衔，并不意味其能够发挥安全领导力；而有安全领导力的人，能发挥这一头衔的作用。具有安全领导力的领导者，必然有一群人愿意和他一起实践安全。

安全领导力的形成需要一个过程。安全领导力不是与生俱来的，而是在对

安全的不断认识的过程中逐步形成的。也就是说，领导也需要学习和认识安全，而这一过程一方面来自经验的积累，一方面来自培训学习。领导应为安全设定方向。在安全生产上领导力表现为制定安全理念、方针和愿景，明确企业安全使命，指引企业在生产经营过程中安全可持续发展。

安全领导力在于公信力。领导有公信力，其安全指令就能在各个层次中得到执行，人们愿意听从领导在安全上的指令，愿意按照领导的意图去工作。安全领导力需要信任。信任，或者说诚信，是安全领导力的关键之一。想拥有安全领导力，就必须在言行上一致，说到做到，让员工听到、看到和感受到领导的诚信。自然而然，这种力量就会影响到身边的管理人员，延伸到基础操作人员身上。

发挥安全领导力也需要核心团队。领导需要一个强大的安全管理团队来实现其意图，领导力水平的发挥，取决于核心成员的能力。打造安全管理专业团队，也是领导力的重要体现。安全领导力在于责任落实。所谓责任落实，是权责清晰。领导必须将安全责任下放到具体的工作岗位和人员身上，使其能够充分发挥自身价值和潜能。安全领导力需要培养。培养安全领导力时，应当向好的企业、优秀人学习，这样才会成长。

接纳也是安全领导力的一部分。学会接纳不同的观点、不同的思想和来自各方面对安全的质疑，吸收好的建议和意见，改正自身领导过程中的缺陷和不足，是难得的品质。安全领导力需要激情。安全不是沉闷、压抑的工作，安全是一个充满激情、活力和有意义的事业。安全领导者应当带领员工享受安全带来的幸福和收益。安全管理需要持之以恒，领导力作为安全管理体系有效运行的动力来源之一，领导需要表现出对安全的信心和强大的执行力。

安全工作需要时间管理。表面的忙碌不见得是一件好事，领导应当专注解决安全中的主要矛盾，如态度、观念、认识、资金等关键因素。具备安全领导力的人需要懂得取舍，当安全与经济效益发生矛盾时，要懂得如何进行决策。而这一决策应当建立在企业安全价值观的基础上，安全不是优先权，而是价值。

具备安全领导力的人应能把握时机。安全是与风险共存的，也就表示安全既伴随着威胁，也伴随着机会。具备安全领导力的人应当准确把握安全的机会，消除威胁，推动企业安全绩效提升，要培养安全领导力使安全效益最大化。领导是安全动力的源泉，一个领导在安全上的动力远不如一群领导产生的安全动力，做好安全管理工作不仅需要分管领导具备安全领导力，更需要所有管理人员具有安全领导力。

安全领导力是可传承的。已建立的安全领导力不因领导的离开而消失，后来的领导者可在其基础上进行传承和发扬。

2. 安全示范力

企业安全工作示范力建设就是通过企业各级管理人员的一言一行，向员工不断传递公司重视安全的信息，从而潜移默化地引导员工认识并重视安全工作，改变员工对安全工作的态度，进而改善员工的作业行为。安全示范力能促进公司优良的安全文化的形成，国际一流的公司都将安全工作示范力建设作为安全工作的核心和安全文化建设的核心。安全示范力的重要性主要体现在如下几方面。

（1）重视人。人是企业组成的基本元素，是安全工作的主体，也是搞好安全生产最重要、最关键的因素。管理好一个企业也就是管理好企业中的每一个人。在安全管理中，不可否认，必要的行政处罚也是一种有效的管理手段，必要的规章制度是安全生产的基本保证。但是，单纯依靠规章制度严管严罚，罚不出员工的"主人翁"安全生产意识，也罚不出员工自觉遵守安全生产规章制度的觉悟。因为人是有思想、有情感、有价值追求的，人不是机器。因此，安全工作要重视人的主观作用，通过关心人、信任人、尊重人和教育人来提高人的素质，增强人的自尊，并通过人的自身内在因素，理性地控制自己的行为，使企业的各项制度成为员工自身需求。同时，要求员工对企业安全文化建设广泛参与，整体互动，培育浓厚的安全氛围，这是"以人为本"的企业安全文化所倡导的。

（2）引领人。一个企业安全文化和安全氛围的形成与企业领导者的行为和示范力息息相关，只有领导者发挥示范力，才能有效引导和激励员工，增强企业的凝聚力，提升组织的核心能力。而发挥示范力的最有效途径，就是领导者以身作则。"身教"往往比"言传"更为有效。领导者要一贯坚持以身作则，这是非常具有挑战性的事情。企业各级领导通过以身作则的良好个人安全行为，使员工真正感知到安全生产的重要性，感受到领导做好安全的示范性，感知到自身做好安全的必要性。具体包括承诺与保障、带头与示范、影响与感染等方面。无论在舆论上、建章立制上、监督检查管理上，还是人员、设备、设施的投入保障上，都落到实处。通过领导的言行，使下属听到领导讲安全，看到领导实实在在做安全、管安全，感觉到领导真正重视安全，发挥领导的示范性和引导作用。

（3）感召人。一个卓越的领导者不仅要做到"有感领导"，还要有非凡的感召力。他不仅仅要告知员工如何去执行该项工作，并告知为什么要这样，还让员工了解企业的长远目标和企业的行为要求，激发员工的动机，让员工对目标感到兴奋，说服他们跟随你达到目标。

（4）培养人。首先，正人先正己，培养员工之前，领导者必须提升自身素养，必须真正从内心去反省，建立扎实坚定的立场，然后才可能"由内而外"

传播信念和原则，引导和促进员工的发展。其次，要积极开展安全文化教育培训活动，培育、激发和不断增强员工遵守规章的自觉性和习惯。把治理不规范行为与遵章守纪结合起来，约束员工的言行，教育员工从自身做起，从身边小事做起，培养其良好的工作作风和行为习惯，使安全管理向深层次发展。就员工而言，对任何一件事情，只有亲身参与才会有责任感，要在参与过程中慢慢培养员工的责任感。也可以通过开展各种活动，培养员工良好的价值观，把员工的个人追求融入企业的长远发展，让员工能分享企业成长带来的好处，形成大家认同的企业价值准则。当员工个人价值追求和企业价值追求和谐一致，员工才能树立积极的安全生产工作价值观，发扬敬业精神。

因此在企业安全管理中要坚持"以人为本"，在安全管理中发挥员工的作用，体现人性化管理。牢固树立服务观念，设身处地为现场着想，为生产一线员工着想，尽力解决实际问题。坚持人性化管理能够极大地激发员工的工作热情和主人翁责任感，提高安全工作示范力，从而使员工的安全工作从被动变成主动。

3.安全执行力

安全执行力指提供人力、物力和组织运作上的保障，让员工感受到各级管理者履行对安全责任做出的承诺。企业的执行力是一个完整的管理系统。执行力是企业管理成败的关键。企业要解决管理中存在的问题，就必须在企业中打造一个一流的执行团队，一个执行力强的企业，必然有一支高素质的领导团队。

要提高企业的执行力，不仅要提高企业从上到下每一个人的执行力，而且要上升到每一个单位、每一个部门的整体执行力，只有这样，企业才会形成全面完整的执行力，从而形成企业的竞争力。

（1）个人执行力是指每一单个的人把上级的命令和想法变成行动，把行动变成结果，没有任何借口、保质保量地完成任务的能力。团队执行力是指一个团队把战略决策持续转化成结果的满意度、精确度、速度，它是一项系统工程，表现出来的就是整个团队的战斗力、竞争力和凝聚力。一个优秀的员工从不在遇到困难时寻找任何借口，而是努力寻求办法解决问题，从而出色完成任务。要提升执行力，就必须学会在遇到阻碍时不找借口而是积极地寻求解决问题的方法。

（2）摒弃囫囵吞枣式的盲目执行。有些员工看着好像是上级组织文件和讲话精神的忠实执行者，其实不然。他们没有把上级精神与本部门的实际情况相结合，只是教条式地执行，这不是真正在执行上级精神，而是对上级精神的消极敷衍。

（3）避免老套陈旧的执行方式。不少员工还是习惯用开会、发文、写总结的办法抓工作，似乎工作就是开会，发文就是工作，写总结就是工作效果，有的甚至错误地认为用会议、发文形式安排、督促工作，显得规范、正统，具有权威性。在这样的思想支配下，不自觉地把开会、发文、写总结当成推动工作的"万能钥匙"，这导致个别部门工作不踏实，只会做表面文章。

（4）执行需要培养自己的习惯，摒弃惰性。观念决定行为，行为形成习惯，而习惯左右着我们的成败。在工作中常有的状况就是：面对某项工作，反正也不着急要，我先拖着再说，等到了非做不可甚至是领导着急的地步才去做。一旦习惯成了自然就变成了一种拖拉办事的工作风格，这其实是一种执行力差的表现。执行力的提升需要我们改变心态，形成习惯，把等待被动的心态转变为主动的心态，面对任何工作把执行变为自发自觉的行动。

（5）执行需要加强过程控制，要跟进、跟进、再跟进。有时一个任务的完成会出现前松后紧或前紧后松的情况，这主要是工作过程未能管理控制所造成的。而行之有效的方法就是每项工作都制定进度安排，明确到哪天需要完成什么工作，在什么时间会有阶段性或突破性的工作成果，同时要自己检查计划实施的进度，久而久之，执行力也就会得到有效的提升。

（6）执行更需要团队精神。在三个和尚喝水的故事里，当庙里有一个和尚时，他一切自己做主，挑水喝；当庙里有两个和尚时，他们通过协商可以自觉地进行分工合作，抬水喝；可当庙里来了第三个和尚时，问题就出现了，谁也不服谁，谁也不愿意干，其结果就是大家都没水喝。这则寓言使我们认识到团结的重要性，在完成一项任务时，缺乏团队协作往往导致失败。每个人都不是一座孤岛，在做工作时，需要相互协作，相互帮助，相互提醒，这样才能不断提升自己完成任务的能力。

因此作为企业的一分子，我们要树立良好的工作态度和工作作风，爱岗敬业，提高工作效率，强化执行力，实现企业发展与个人发展的双赢。

三种能力具体见图3-2所示。

图3-2 三种力示意

四、"有感领导"的六步审核法

杜邦公司的六步审核法,属于主管按计划对下属进行的安全审核,是有感领导的典型形式。通过六步安全审核,让员工与管理人员交流互动,管理人员引导员工创造良好的安全氛围,让员工感觉自己受到重视和尊重,形成安全经验分享、互动的氛围。

第一步管理者到现场审核安全时,注意观察现场,观察员工的操作行为,友好地打招呼,发现不安全操作要善意地制止不安全行为,让员工先停止操作,若员工在高处或危险环境中,要特别提醒员工小心注意人身安全,回到安全的地方。

第二步问其辛苦,评价刚才员工的安全行为,肯定做得好的地方,这种评价会让员工感觉到管理者关心他、尊重他。

第三步指出违反操作规程的不安全行为,讨论不安全行为有哪些严重后果,标准的工作方式应该如何。

第四步得到员工对今后工作的安全承诺。

第五步讨论其他安全问题,如针对季节饮食、穿衣应注意什么、上下班交通安全应注意什么等。

第六步感谢员工的工作。

杜邦有感领导六步审核法流程见图3-3。

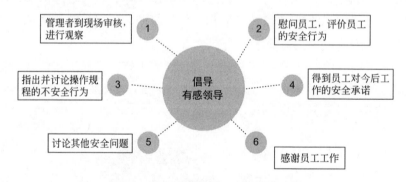

图3-3 杜邦有感领导六步审核法流程

杜邦公司各工厂的安全审核都是由主管部门进行,根据工作性质需要,定期组织,由审核组长提交总经理和安全部门,能整改的现场立即纠正,不能当场纠正的制定整改方案报安全部门负责跟进,督促相关部门限期解决。安全部门汇总整理各个现场安全审核数据,可知道公司总体不安全行为状态,了解公司前面的安全情况,预测职业健康安全走势和影响因素,为管理者提供各层面的安全信息,采取有效措施以预防事故发生。杜邦安全审核方法让员工与管理者形成真诚的沟通交流,分享安全经验,形成互动,使员工很诚恳地执行规章制度。

五、"有感领导"的核心四要素

"有感领导"的核心四要素是指:第一是能见度,即领导出现在工作场所及处理典型安全问题的可见程度;第二是关系,即领导深入实际倾听员工心声,采纳员工建议,与员工坦诚信赖的关系;第三是工作团队的投入,即工作团队在规划和决定安全工作方面的投入;第四是主动管理,即主动管理安全的手段。

(1)能见度。领导者出现在工作场所及领导典范的可见程度,包括工作任务的参与,贯彻执行安全规程及组织安全政策,扮演安全角色楷模。实践经验表明,安全检查能同时收到以下三点效果:

① 宣传贯彻安全生产方针和劳动保护政策法令,能提高各级领导和广大员工群众对安全生产的认识,端正安全工作态度,有利于安全管理和劳动保护工作的开展。

② 安全检查能及时发现和清除事故隐患,及时了解生产中的职业危害,有利于制定治理规划,消除危害,保护员工的安全和健康。

③ 在安全检查中能及时发现先进典型,及时总结经验。领导下现场调查研究安全生产工作,通过安全检查能更好地摸清工厂企业安全生产情况,及时发现先进典型,总结和推广他们的先进经验,带动全局。

(2)关系。借助与工作团体之间高层次的沟通,倾听员工心声,采纳员工建议,以发展开放、坦诚和信赖的关系,随时保持"开放"的政策,鼓励全体成员尽情地讨论安全事项,而且不必恐惧会受到责难。

关系就是沟通。沟通的目的是让对方达成行动或理解你所传达的信息和情感,即沟通的品质取决于对方的回应。良好的沟通是要说对方想听的,听对方想说的。要想达到这个目的就必须进行有效的编码、解码与反馈。所以,真正的沟通力是100%的责任沟通,不能将"对牛弹琴"的沟通责任完全归于弹琴者。

提高沟通要弄清楚听者想要听什么,通过认同、赞美、询问需求的方式实现,并以对方感兴趣的方式表达,如幽默、热情、亲和、友善。同时,沟通要选择适当的机会和场所。倾听时,用对方乐意的方式倾听,积极探询说者想说什么,设身处地、不要打断并积极回应、鼓励表达;控制情绪,适时回应与反馈,最后确认理解,听完后澄清异议。沟通技巧如下。

① 包装消息。美国汽车大王亨利·福特通常会安排助手去回复有求于他的人,有时在拒绝人时,都会格外恭敬地招待对方,如请他吃点心或午餐等。当然,换个角度说话也是必要的,应将消息包装得更易让人接受。

② 大智若愚。追求卓越是每个人满足自己成就必然的需要,但小心别让自己完美的光芒刺痛别人的眼。特别是面对一些比较顽固、保守或对你有敌意的人,一开始不要总想着证明自己来让对方心服口服,适当地收敛一些、中规中矩,"润物细无声"地接近更多人。而后,再在适当的时候一鸣惊人也不会埋没自己。有

一位管理心理学家就特别指出，即使是与下级讲话，也不要一口一个"我"字。

③ 不"抢功"。心理学发现，当人们发现领袖出现一点个人主义的苗头，就会变得冷漠，甚至出现敌对的情绪。相反，藏身幕后、不那么抛头露面的领导更会受到普遍的尊重。《纽约世界报》的主编普利策就曾对他的编辑们说，如果在一个紧急时期他所发的命令违背了该报的政策的话，编辑们可以不予理睬。学会谦让，在人际交往中绝对是"退一步海阔天空"的事。

（3）工作团体的投入。在规划及决定方面，工作团体的投入及授权有助于增进其自主权及安全绩效责任。

① 团队和团队精神的意义。团队，是指一群互助互利，有互补技能，愿意为了共同的目的、业绩目标而相互承担责任，团结一致为统一目标和标准而坚毅奋斗到底的一群人。团队不仅强调个人的业务成果，更强调团队的整体业绩。所谓团队精神，简单来说就是大局意识、协作精神和服务精神的集中体现。团队精神的基础是尊重个人的兴趣和成就，核心是协同合作，最高境界是全体成员的向心力、凝聚力，反映的是个体利益和整体利益的统一，并进而保证组织的高效率运转。团队精神是组织文化的一部分，良好的管理可以通过合适的组织形态将每个人安排至合适的岗位，充分发挥集体的潜能。如果没有正确的管理文化，没有良好的从业心态和奉献精神，就不会有团队精神。古人云：人心齐，泰山移；百涓之水，汇成江海。团队需要成员的共同奉献，这种共同奉献需要有一个使每一个成员都能够信服的目标。目标应切实可行而又具有挑战意义，这样才能激发团队的工作动力和奉献精神，为企业注入生命活力。

② 企业安全文化与团队精神之间的关系。一个成功的企业必然有一个成功的企业安全文化，许多世界知名企业都有着浓厚的企业安全文化氛围，诸如松下、惠普、海尔等无不是这方面的楷模。有远见的企业家十分重视企业安全文化建设，他们意识到企业安全文化是一种凝聚人心、提升企业竞争力的无形力量和资产，是企业生存和发展的动力源。企业安全文化建设与团队精神建设是不可分割的，在知识经济时代，企业要想获得持续的发展，仅仅依靠其体制的科学性是不够的，还需要建设一种全新的企业安全文化，并努力使这种文化得到大多数员工的认可。否则，企业团队精神的形成是根本不可能的。对于任何企业，文化建设是其成功的一个必要的前提条件。企业文化建设是知识经济时代企业发展壮大和提高管理水平的一种必然趋势。

（4）主动管理。包括在安全实务方面采取行动，企业领导者对意外事件采取适当的后续行动，获得员工及一线主管的支持，提出有效的对策及建立系统，为意外及事件报告提供开放的气氛，被员工看到领导者支持正确的安全行为、质疑拙劣的安全实务、奖励展现正确行为的人等明确的态度。

有感领导与其说是管理手段，不如说是一种安全管理理念。有感领导要求包括企业基层主管和最高管理者在内，无论是哪个级别的主管，都应该通过各种行为或者行动来体现自己的安全领导力，所表达出的影响力应该为员工所感知。管理者对安全的见解、行为和习惯通过影响力，体现在企业生产运营的任何地方、任何级别、任何时间，对员工操作行为的安全性起到了积极的促进作用。

安全生产需要企业每个人主动作为，才能永保安全，千万不要抱有"事不关己，高高挂起"的侥幸心理，殊不知"隐患就在身边，随时危及自身"。因此，企业每个人都要树立"安全生产人人有责"的意识，隐患似炸弹，不定何时炸，企业每个人不仅有义务发现隐患，更有责任解决隐患，千万不要认为不是自己的事就袖手旁观。今天出现问题的是他，明天可能就是你，最终受伤害的还是我们大家。

第二节 "有感领导"包含的安全文化内涵

有感领导包含的安全文化的内容见图3-4。

图3-4　有感领导包含的安全文化内容

一、"有感领导"是安全文化的体现

领导认识安全，领导重视安全，说明安全在领导的心目中占有十分重要的地位，这本身就是一种安全文化的体现。

安全领导力建设就是通过各级管理人员的一言一行，向员工不断传递公司重视安全的信息，从而潜移默化地引导员工认识并重视安全工作，改变员工对安全工作的态度，进而改善员工的作业行为。有效的安全领导力建设能成就公司优良的安全文化，像杜邦这样的国际一流公司都将安全领导力建设作为安全工作的核心。

（1）安全文化建设中领导力的重要性，主要表现在以下方面。

① 一个企业管理团队的安全领导能力，是一个企业"安全管理水平和绩效的天花板"。企业安全管理瓶颈的突破，就是管理团队安全领导力的突破。

② 没有管理者的安全领导力，就没有全员的安全执行力，更无法谈论企业的安全文化建设和核心竞争力打造。

③ 没有管理者会认为自己不重视安全，但在这个问题上企业员工才是真正的"裁判员"，企业的管理层要用自己的行动表明期望在HSE方面达到某个标准，这样才有可能达到这样的标准。

④ 一个企业的安全工作没做好，往往其他事情也做不好，比如质量、效率、企业文化、员工的忠诚度等。

（2）领导者在安全文化建设中有着重要的作用，主要表现在以下方面。

① 组织发动作用。企业安全文化的建设是由领导者发起，其贯彻实施要通过领导者来倡导和布置。

② 对企业安全文化建设的导向作用。纵观各企业发展的历史，都能够看到企业行为、企业道德、企业目标和制定、管理方式方法的运用，往往被打上很强的企业领导者的性格印记，这是企业领导者在企业文化建设中的特殊作用。

③ 安全文化意识作用。企业领导者安全文化意识的强弱，决定着对建设企业安全文化的认识、态度与自觉性，对企业会产生一定的作用。

④ 率先垂范的带头作用。领导者对企业安全文化建设，从指导思想的确定、奋斗目标的规划到实施步骤的制定等均不可或缺。

（3）领导参与企业安全文化建设。优秀的企业均把安全文化作为企业文化重要的组成部分，甚至将安全文化上升为公司核心价值。

安全文化建设应从企业的高层开始，企业高层领导要推动企业安全文化建设工作，要确定公司的安全愿景，要带头进行安全承诺、带头宣传贯彻安全理念，使各级领导也成为企业安全文化的倡导者和培育者。企业要通过建立机制鼓励员工参与安全管理，对符合安全价值观的人或事进行表扬和肯定，从而激发员工的自觉性和创造性；要建立上下级安全沟通的渠道，搭建平台以营造浓厚的安全文化氛围。

二、"有感领导"培育了安全文化

（1）七个带头。杜邦认为各级领导不能将安全要求仅仅停留在口头上，而是要体现在自己的实际行动中。有感领导的具体表现包括但不限于"七个带头"。

① 带头宣传和实践行安全理念，
② 带头学习和遵守安全规章制度，
③ 带头制订和实施个人的安全工作计划，
④ 带头开展行为安全审核，
⑤ 带头讲授安全课，
⑥ 带头开展安全风险识别和隐患治理，
⑦ 带头开展安全经验分享活动。

（2）如何实施有感领导。杜邦明确规定实施有感领导就要按照以下的要求去做，以充分培养安全文化。

① 通过宣传手册或其他形式，对有感领导的实施作以描述和说明。
② 在相关的安全制度中明确规定领导应做的工作。
③ 在岗位职责中，明确规定领导应带头履行的职责。
④ 在岗位和单位的HSE绩效考核指标中，明确规定对有感领导的具体考核要求。

（3）有感领导培育安全文化的三种方式，具体如下。

① 领导带头。各级领导要做领头羊，不做赶羊人。要通过行动履行领导承诺，展示榜样作用，实现有感领导。

② 上级推动下级。上级领导不仅自己要展示有感领导，还要通过自己的言行，推动下级主管在工作和生活中，带头履行安全职责，严格遵守安全规定，为下属员工层层展示有感领导。

③ 下级推动上级。作为下属员工，尤其是副职，要认真思考上级领导如何在工作和生活中展示有感领导，及时提醒并创造条件使上级领导能够更好地展示有感领导。

（4）实施有感领导培育安全文化的效果。通过榜样作用，领导展示出对安全的重视和高标准的行为，至少应达到以下效果。

① 感动员工。用榜样的文化力量冲击其思想，触动其灵魂，激发树立"我要安全"的理念，认识到安全是自己的事。

② 感化员工。使员工在感动之际，有所思、有所想、有所悟，使之能够对

照反思自己的不足和缺陷，进而转变行为，培养高标准的安全习惯。

③ 升华文化。通过持续实施有感领导，不断感动和感化员工，培养员工高标准、严要求的习惯，由点到面，积少成多，使执行安全规定、落实安全措施逐步成为全体员工的自觉行动，形成群体行为习惯，培育具有自身特色的安全文化。

第三节 "有感领导"为建设安全文化增光添彩

一、建设安全文化的"三个对象"

"三个对象"即企业的决策层、管理层和执行层。因为这三个层次的工作任务不同，所从事的工作性质也各异，因此，建设企业安全文化要针对不同层次的要求和任务而有针对性地进行。

根据企业内外部安全管理环境及实际需要制订安全文化发展战略及计划，以保证企业在安全文化建设中的主动性，从而塑造更为可行的适合企业安全发展需要的安全文化体系。企业在对安全文化各种影响因素及安全文化现状进行全面分析的基础上，还要选择合适的安全文化建设时机及目标模式，确定安全文化建设的切入点，制订安全文化建设的战略计划。

1. 决策层

决策层是企业安全文化建设关键的支持者。如果你问中国的企业安全管理人"安全工作最大的困难是什么"，绝大部分会立刻告诉你"领导不重视"。如果你再问"搞好安全工作关键的是什么"，他们肯定斩钉截铁地回答"只要领导重视，一切都好说"。说完后可能马上垂头丧气，补充一句："可是领导什么时候才重视安全呢？""伟大的机构不是管理出来的，而是领导出来的"，这是IBM前总裁郭士纳在《谁说大象不能跳舞》中说的一句话。这句话切实揭示了企业文化的真谛：优秀的文化不是"管理"之功，而是"领导"之功。在这点上，看来古今中外都一样。

2. 管理层

管理层是企业安全文化建设关键的执行者。《执行：如何完成任务的学问》一书的作者拉里和拉姆说：执行力不足而产生的"企业病"在众多企业均有体现，具体特征是内部运作效率低下，影响重要领导者对重要工作的关注和思考；管理和技术人员能力发挥不够，产生依赖思想；部门、车间以及部门之间缺乏顺畅沟通，导致有的计划难以执行到位；诸多虎头蛇尾、雷声大雨点小的现象，更常常令决策者和管理者力不从心；制度制定是起草者想如何，而不是应该如何，从而造成制度的执行先天不足；设不设立安全机构并非决定安全管理工作好坏的重要因素，因为所有管理层人员都承担安全工作。所以，企业安全文化建设工作需要全体管理层的共同参与执行。

3. 执行层

执行层是企业安全文化建设关键的参与者。执行层是企业里人数最多的一个群体（少数企业例外），更多时候也是安全文化建设和发挥作用的主体。安全文化建设与实施的许多内容，比如安全理念渗透、安全培训与宣传、安全承诺、安全责任履行、安全操作等，都是以执行层为核心，离不开员工的参与。从某种程度上说，执行层的安全意识和行为代表着企业的安全文化水平。

二、建设安全文化的"五个保证"

"五个保证"即领导保证、组织保证、规划保证、教育保证、物质保证。建设安全文化必须有强有力的领导，必须有严密的组织，必须有科学的规划，必须有精细的教育，必须有物质的支撑。这五个保证是相互联系、精密配合、缺一不可的。

五个保证都和"有感领导"紧密相连，没有领导的重视，安全文化建设就不可能顺利进行。没有企业的组织保证，安全文化建设就不能规范有序地进行。没有规划保证，安全文化建设可能会半途而废。没有教育保证，企业安全文化建设将停留在陈旧的观念中，而教育才能使人转变观念，与时俱进。没有物质保证，安全文化建设就是空中楼阁。而物质保证还是要依靠领导的参与和支持，因此，"有感领导"为安全文化建设增添光彩。

1. 领导保证

主管领导是安全文化建设的第一责任人，不仅抓规划、计划，也抓执行。领导保证是指高层和中层管理者亲自积极参与组织内部的关键性安全活动。高层和中层管理者通过每时每刻参加安全的运作，与一般员工交流注重安全的理念，表明自己对安全重视的态度，这将会在很大程度上促使员工自觉遵守安全操作规程。

2. 组织保证

安全文化建设有专门的研究机构和执行机构，并且有规范的运行机制。组织保证就是企业组织的高层管理者对安全所表明的态度。组织高层领导对安全的承诺不应该口是心非，而是组织高层领导将安全视作组织的核心价值和指导原则。因此，这种承诺也能反映出高层管理者始终积极地向更高的安全目标前进的态度，以及有效激发全体员工持续改善安全的能力。只有高层管理者做出安全承诺，才会提供足够的资源并支持安全活动的开展和实施。

3.规划保证

安全文化建设是企业有计划的战略行为，而不是一种临时行为。利用一切手段和设施，加大对安全文化的传播。要把对安全文化的宣传摆在与生产管理同等重要，甚至比其更重要的位置来宣传。抓好安全文化建设，有助于改变人的精神风貌，有助于改进和加强企业的安全管理。文化的积淀不是一朝一夕，但一旦形成，则具有变化人、陶冶人的功能。

企业要保证安全文化活动正常进行，实现可持续发展，就必须制定为全体员工所遵守的基本行为规范，这就是安全文化建设规章制度。规章制度的贯彻实施就是执行力问题。执行力有助于保质保量地完成安全文化建设工作和任务，通过强而有效的管理执行力，使企业安全文化建设规章制度能够有效地贯彻执行。按照制度规定行事，充分发挥每个人的作用，管理目标才能得到实现，政策才能确实得到贯彻执行，才能在企业内形成良好的氛围，推动企业不断发展。一个有伟大目标和宏伟构想的企业，在有完美操作方案的同时，必须还要有完备的规章制度支持，并要具备强有力的执行力作为保障，只有这样才能保证企业的持续发展。

4.教育保证

从决策层到管理层及员工层，都有一个观念更新的教育过程。教育保证是指组织有一个良好的授权于员工的安全文化，并且确信员工十分明确自己在改进安全方面所起的关键作用。授权就是将高层管理者的职责和权力以下级员工的个人行为、观念或态度表现出来。在组织内部，失误可以发生在任何层次的管理者身上，然而，第一线员工常常是防止这些失误的最后屏障，从而防止伤亡事故发生。授权的文化可以带来员工不断增加的改变现状的积极性，这种积极性可能超出了个人职责的要求，会使员工为了确保组织的安全而主动承担责任。根据安全文化的含义，员工授权意味着员工在安全工作决策上有充分的发言权，可以发起并实施对安全的改进，为了自己和他人的安全对自己的行为负责，并且为自己的组织的安全绩效感到骄傲。

5.物质保证

物质保证指提供必要的物质条件，有专门的预算，不断加大投入，发挥硬件的保证作用。企业要预防事故，除了抓好安全文化建设外，还需要不断加大投入，依靠技术进步和技术改造，依靠不断采用新技术、新产品、新装备来不断提高安全化的程度，即保证工艺过程的本质安全（主要指对生产操作、质量等方面的控制过程），保证设备控制过程的本质安全（加强对生产设备、安全防护设施的管理），保证整体环境的本质安全（主要是为作业环境创造安全、良好的条件）。生产场所中都有不同程度的风险，应将其控制在规定的标准范围之内，使人、机、环境处于良好的状态。

三、提高执行力的途径

1. 大力提高企业中层管理人员的执行力

　　一个企业的领导者决定着一个企业的执行力，一个部门的领导者决定着一个部门的执行力。企业要培育和提升执行力，应把重点工作放在各层管理者身上，实现管理者角色定位和思想观念的转变。企业中层管理人员既是企业领导层的执行者，又是基层的领导者，其自身在计划、指挥、协调、创新等方面的能力表现直接影响到整个企业的执行力。如果这一层面的执行力衰减，会导致企业执行链的断链，以致最终整个企业执行力的丧失。一名优秀、身先士卒、百折不挠的中层管理者的示范和凝聚作用，必将有效地激励和团结员工，共同实现企业目标。

2. 精心培育企业员工队伍执行力

　　企业的各项重大战略的出台和各项工作任务及管理措施、方法的实施，最终都是靠员工的有效执行来实现的。员工执行力的强弱取决于个人能力和工作态度这两个要素。对于基层员工而言，必须要主动转变观念，主动适应企业快节奏和精细化管理要求，不断加强自身业务技能学习，丰富和提高自身的业务素质和执行能力。对于企业而言，调动员工工作的积极性、主动性和创造性是企业实现发展战略目标的基础。企业必须有步骤、有计划、分阶段地以培训进修、轮岗锻炼、工作加压等手段帮助员工进行自我提高，切实提高企业全体员工的执行力。

3. 建立严格考核约束机制

　　这是提高企业执行力必不可少的关键性因素之一，是加强执行力制度保障体系建设的重要环节。任何企业的可持续发展都需要一个良好的机制，企业制度也都有一定的强制性。因为制度要维护的是整个企业的利益、整个集体的利益，一旦制度被长期地执行，它就会变成企业的有机组成部分，成为企业文化的一部分。员工据此规范自己的行为，不断完善自我，超越自我，为创造企业管理制度与企业文化并重的管理环境努力，从而实现企业的目标。如果没有考核，没有约束，工作就可做可不做，这将导致企业员工工作相互推诿扯皮，效率低下。工作质量好坏一个样，这样的企业注定没有前途。"占不了便宜就认为是吃亏了"这种观念在部分人心中还存在，因此，建立严格的考核约束机制就显得更加必要。同时，加强考核也是为了维护规章制度和工作流程的严肃性，只有辅以严谨、科学、

公平的考核内容、标准和方法，执行力建设的制度保障体系才可能真正建立起来，才可能为企业的良性发展提供保证，才不至于导致有章不循、有规不守、有则不遵的行为发生，才能确保企业各项工作的有效开展。

4. 大力弘扬执行力文化

执行力文化，是把执行力作为行为的最高准则和终极目标的文化。提高执行力的关键就是通过执行力文化的传播，影响执行者的意识，进而其改变心态，最终自觉改变行为的一种做法。领导行为文化建设流程如图3-5所示。

（1）执行力的重要性。执行力是企业管理中最大的黑洞。管理学有许多的理论，告诉管理人员如何制定策略，如何进行组织变迁，如何选才、育才、留才，如何做资本预算等。可是，该如何执行这些想法，却往往被视为是理所当然，少有人加以探讨。作为管理者，重塑执行的观念有助于制定更健全的策略。事实上，要制定有价值的策略，管理者必须同时确认企业是否有足够的条件来执行。要明白策略原本就是为执行而拟定出来的。所以，提升企业的执行力就变得尤为重要。

（2）执行能力的提升。解决问题的能力不足，主要反映在执行能力欠缺，不能有效掌握与运用管理工具，不能有效掌握与运用工艺技术，未充分总结工作经验与心得等。一项工作要得以顺利开展，首先要有执行能力，即要"会做"。

员工能力水平能否充分发挥，决定其投入程度，而投入程度又受到公司对员工的要求和公司向员工提供的资源两个因素的影响。

首先，应该对执行人员进行执行前强化培训，让执行人员明白自己要做什么，该做什么，做到什么目标。这样才能目标一致，执行到位，各尽其责。

其次，要明白自己的工作依据。这是我们工作执行力的基础，也是我们工作执行的目标。这也就是说，要知道自己做的每一件事情依据在哪里，这些依据是否还在执行。

还有，要明白控制工作的关键点是什么。在这些工作里面，按照工作程序，我们往往要在一些单据上签字，这就是我们的工作控制点。我们签了字，就要负起相应的责任。

（3）执行力文化的践行。践行执行力文化的思路，主要包括以下内容。

① 执行力文化首先表现在忠诚、敬业的美德，自觉养成"没有任何借口""纪律是敬业的基础""自省出执行力""团结出执行力"等工作行为理念，从而养成"立即行动、雷厉风行、负责到底"的工作作风。

② 践行"执行力文化"，必须进行有意识的强化培训，让自己清楚自己要做什么，该做什么，做到什么目标。清楚自己的目标后，还要强化执行的动机，调动一切可调动的积极因素激励自我，让无穷的智慧战胜有限的条件，安心、

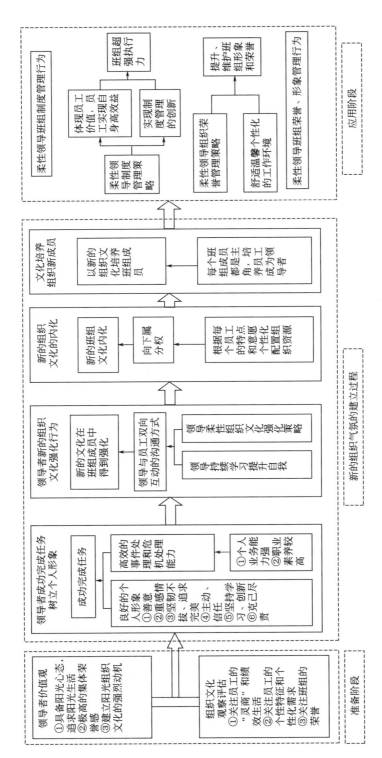

图 3-5 领导行为文化建设流程

踏实、快乐工作，做起来不累，让"有意识"变成"无意识"，顺其自然，让"肯做"最终成为"做成"。

③ 提高执行力文化，需要我们时常自省，工作中切记不要让个人英雄主义凌驾于决策之上，因个人原因影响行政效能。提高执行力，需要我们团结协作，增强彼此的信任度，经常沟通交流，做到坦诚相待，不斤斤计较，不推诿塞责，不挑拨离间，不明争暗斗，不拉帮结派。在工作中还要不断地加强、维护、珍惜团结，大事讲原则，小事讲风格，干事讲配合，形成合力搞工作。

四、在杜邦安全文化融合下企业的转变

安全价值观是杜邦安全管理的核心。通过与杜邦的安全文化融合，诸多HSE管理发生了变化。

第一是HSE责任压力的传递逐步由被动要求转变为主动追求，体现出安全是公司的核心价值观。在以"家"为概念划分的属地里，明确了自上而下的管理范围，增强了员工的责任感。

第二是管理原则由"管生产必须管安全"转变为"管工作必须管安全"。线性管理结构的梳理与优化，使"管工作必须管安全"的科学管理原则由理念转化为具体应用。企业各单位逐步确立和执行了"管工作必须管安全"的管理原则。职能归位，实现了各部门业务职能与HSE职能的有效结合。

第三是从"全员参与"到"全员责任"的重大转变，形成了"安全是我的责任"的良好工作氛围。属地管理的全面推行，实现了由单纯领导责任向全员责任的重大转变。在每一个属地范围内，人人有人管，事事有人问，谁的属地谁负责。全员责任的落实，使得作业场所、设备、工具的日常管理变得可控、受控。

第四是以线性管理为责任机制的"动车组"管理模式得到认同，各级管理者和操作层的积极性得到有效发挥。通过体系推进试点，各管理层真正认识到安全管理工作需要不同层次分别输出动力，才能达到高效平稳运行的效果。改进后的层级管理结构，为"动车组"管理模式的落实提供了良好平台。"动车组"管理逐步落实，不仅减轻了各级主要行政管理者的压力，而且管理效果变得比以往更好。

第五是用工程技术的方法改进设备设施，治理隐患，改变人的行为，努力实现本质性安全。比如，地震队野外作业车辆多，施工分散，一直以来是某物探公司HSE管理的重中之重。试点时，该物探公司投入大量资金，把现代化的技术应用到野外生产一线，在本质安全管理方面迈进了一大步。

第六是安全文化建设由领导倡导转变为全员参与的良性互动。在体系推进试点中，以科级以上干部制订并实施个人安全行为计划，践行"有感领导"和

个人安全行为计划为契机，使广大员工感受到公司对HSE工作的重视。同时，广大员工对各级干部也形成了监督，你号召我跟进，你行动我监督，使公司上下形成了共同做好HSE工作的合力。行为安全观察与沟通的广泛开展，以良性互动方式固化了安全行为，确保了工作过程中的安全。

第七是安全已经成为企业的核心价值观。过去，员工普遍把安全工作看作是一种"工作要求"，未将安全作为"价值观"来看待；常常把安全看作是"花费"，未认识到是"投资"，对安全带来的回报关注不足；看待安全和生产是对立的角度，未很好理解两者之间相辅相成的关系。如今，安全作为公司核心价值观理念已深入人心。

五、加强观察沟通在互动中提高安全技能

杜邦安全文化的本质就是通过行为人的行为体现对人的尊重。杜邦公司强调考核中运用安全观察与沟通技巧，对不安全作业行为变惩戒性管理为人本管理，从而收到更好效果。

绩效考核是激励、引导、约束员工的一种手段。它不仅注重结果考核，更注重过程考核。企业在学习杜邦管理经验中，在安全考核过程中运用安全观察与沟通技巧，取得了良好效果。

进行安全观察，并非为了抓住正在进行不安全作业的人。观察者在现场只进行观察与沟通，不记录被观察者姓名，不当场填写报告，体现了对员工充分的尊重。

借助于绩效考核，企业把过去那些惩戒性管理，变成良好的沟通交流和共同改进，把责任真正落到实处，使得安全管理更具人情味，管理者和员工关系更和谐。

比如，某企业过去大家对安全监督人员有抵触情绪。而现在，通过安全文化建设，走进施工现场，映入眼帘的是管理者轻松地和操作者沟通，从工作流程到现场管理，从操作规章到事故隐患的识别，管理者对操作者的工作给予肯定，对出现的问题进行探讨和解决。

观察与沟通的工作技巧，使员工能更好地接受不足与指导；适时的表扬和激励，融洽了工作气氛，拉近了管理者与员工的距离，使员工的工作积极性得到充分调动，从而以最安全的工作方式真心回报单位、回报企业，从而形成一种良性互动。

六、践行"有感领导"提升全员安全意识

"有感领导"即领导通过自己的言行示范，给予安全工作人力、物力保障，

让员工和下属体会到领导对安全的重视，从而真正感知安全的重要性。它已成为安全领导力的代表性词汇。在HSE管理体系推进试点过程中，始终把发挥"有感领导"的作用作为HSE体系建设最直接、最根本的推动力，让员工亲耳听到领导强调安全，亲眼看到领导实践安全，亲身感受领导重视安全。

企业开展覆盖领导干部层面的安全理念和管理知识培训，大力推广并不断丰富"有感领导"展示手段，开展安全经验分享，制订领导干部安全管理行动计划，形成重视安全工作、学习安全知识、推动安全文化建设的良好氛围。在基层，各级管理者深入现场，以身作则，通过强有力的个人参与，让员工感受到了安全的重要性。

践行"有感领导"，带动了全体员工安全意识的提高，增进了管理者与员工之间的感情。

第四章 杜邦安全培训是文化的渗透与升华

杜邦安全培训是安全文化发展的主要动力。通过安全培训使员工增强安全意识，增长安全知识，掌握安全技能，拓宽安全视野，升华安全文化。

杜邦安全培训是杜邦整个安全管理的重要组成部分。杜邦十大安全理念中就有"员工必须接受严格的安全培训"这一理念，说明安全培训对企业的安全生产、安全管理、安全文化是十分重要的。本章介绍了杜邦安全培训特色，企业通过安全培训增加安全文化力，通过安全培训促进安全文化发展，并说明了杜邦安全培训的技巧，以此来证明安全培训是文化的渗透与升华的基础。

教育培训
定期开展各种形式的安全教育培训，确保所有人员要掌握安全技术导则，遵守安全规章制度，否则将予开除

人员素质
人的安全综合素质要持续提高，包括安全意识、操作技能、自律意识和团队精神；企业领导要发挥示范引导作用

持续检查
保持对生产场地、办公场所和生活场所的持续检查，对发现的安全隐患必须整改到位，并总结、吸取教训

设备性能
定期进行安全评估，保障生产设备的安全性和施工工艺的先进性

优秀的企业安全文化，持续的安全投入

第一节 杜邦安全培训的特色

作为化工界标杆的杜邦公司在很多方面都独具特色,但公司的企业理念的第一条就是重视人才,其中,重视对员工的培训尤为突出。杜邦公司不仅注重对每一位员工的培训,而且培训方法也很独特,现归纳如下。

一、系统的安全培训方案

杜邦公司不仅具有严密的管理体系,而且拥有一套全面的、独特的培训体系。公司的培训协调员只有几个人。每年,他们会根据杜邦公司员工的素质、工作经验、各部门的业务发展需求等拟出一份培训大纲。此份大纲上清楚地列出了该年度培训课程的题目、培训教员、培训内容、拟达到效果、授课时间及地点等。此份大纲在每年年底前分发给杜邦各业务主管。公司的各位业务主管会根据培训大纲的内容结合下属的工作经验及需求有针对性地选择课程,为下级员工报名参加培训。

二、平等的安全培训机会

公司中每个员工的教育背景、工作经验都有所不同,因而要根据员工不同的需要给予不同的培训。在年度工作总结中,每位员工都可以向自己的上级提出自己的培训需求。上级主管会根据员工的工作范围,并结合员工自己的需求,参照培训大纲为每个员工制订一份培训计划,员工会按此计划参加培训。

除了公司的培训大纲里的内容之外,如果员工认为社会上的某些课程会对自己的工作有所帮助,就可以向主管提出,只要合理,公司会安排员工参加。

三、专职的安全培训教师

杜邦公司的培训教员中有一部分是公司从社会上聘请的专业培训公司的教师或大学教授、技术专家等,而更多的则是杜邦公司内部的资深员工。在杜邦,任何一位有业务或技术专长的员工，小到普通职员，大到资深经理都可作为知识教师给员工们讲授相关的业务知识。杜邦公司如此特殊的培训方法，令全体员工素质普遍提高。因而杜邦的人员流动率一直保持在很低的水平，在杜邦总部连续工作三十年以上的员工随处可见，这在美国是很难得的。

杜邦公司的安全培训管理流程见图4-1。

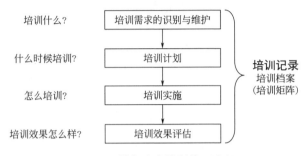

图4-1　杜邦安全培训管理流程

四、安全培训是一种投资

世界上的新事物、新技术正改变我们的生活和环境。然而，与生产技术发展速度相比，人类控制风险的能力往往相对滞后。纵观近代工业发展史，全球工业领域的安全管理总是在重大工业事故后才会发生质的改变。所幸的是，如今人们开始意识到风险控制的技术和知识需要跟上生产工艺的发展速度，甚至还要更超前，安全管理学科的研究已经开始从关注事后应急转向事前预防，而预防的重要途径之一就是培养人的安全意识、训练各种安全技能。

成长中的企业靠招聘，成熟的企业靠培训。杜邦专门投资建立了员工能力培养中心、学院或大学。据统计，在西方发达国家，企业要将总收入的1.5%～3%用于员工培训，而中国则是约将员工工资总额的1.5%用于培训。对培训的投入不足、不重视是中国企业的通病，这种现象的背后存在对培训的认识误区。有不少员工会抱怨"手头事太多，没有时间培训"，还有人抱持"优则毋训论"，认为现在绩效好就不需要培训。其实培训是一种对未来的投资和准备，是使员工具备完成经营目标所必需的条件，而不是可有可无的员工福利。有的企业认为员工培训是为人作嫁，却没有看清楚员工跳槽背后的根本原因。有数据显示，在很多跨国公司，中层管理人员工龄在5年以上的占企业管理人员的70%以上，高品质、高数量、低流动率的中高层管理团队，均得益于科学有效的企业人才培养机制。

五、安全培训须从意识入手

所谓"培训","培"在先,"训"在后。先培养内在的观念和意识,内化于心;再强化训练外在的专业和技能,外化于行。如果只注重"训"而忽视"培",企业培训就会流于形式、舍本逐末,失去了本质意义。企业建立一个培训体系的难点在于使这个体系按照设定的方向和轨道持续运行,而执行体系的主体就在于"人"。据统计,在已经建立培训体系的企业里,成功运行的概率不到50%。根据杜邦安全管理咨询为中国企业提供咨询服务的经验得出,很多中国企业的安全管理系统文件很多,各种体系认证齐全,培训课程十分丰富,可是在日常工作中,仍然存在员工故意违章的现象,安全事故还是时有发生。

意识是人的行为的指挥和控制中心,激发人的自觉性与自主性。有效的培训需要从意识入手,这是一切行为的出发点。研究发现,企业的成熟度与个人心智成熟度惊人地相似。"企业即人,人即企业",企业就是一个被放大的自我,很多关于人生的重大课题同样适用于企业,比如企业初期讲求"做事",但是做大了以后就更重视"做人"。企业"一生"面对的问题有:我们为什么存在?我们如何生存?我们未来要发展到哪里?这3个问题统领和支撑着企业的发展战略和愿景、组织结构、人力资源、企业品牌等企业经营管理的方向,使其创造出独特的价值,彰显独有的个性。

1995年,杜邦公司博蒙特工厂的工程总监布莱德利和他的团队成员提出了著名的杜邦布莱德利曲线(即杜邦安全文化曲线)模型,阐释了企业成熟度是个人及公司的核心价值、态度、认识、能力、行为模式的总和,具有独特的发展规律。基于200多年杜邦安全管理的实践经验和数据统计,杜邦布莱德利曲线将企业成熟度的发展规律总结为4个阶段:自然本能、严格监督、自主管理和团队管理。该曲线直观量化地揭示了安全文化与事故率之间的反比关系,以及和其他风险预期、生产率、质量和利润率等主要指标间的对应关系,并全面总结了每个发展阶段的组织和个人的思想与行为特征。企业发展如同人从孩子成长到成人,心智越成熟,对自身和周围环境的认知越清晰,就越具备自我保护能力。对企业来说,企业发展越成熟,对风险的控制能力越强,事故率也就越低。同时,生产效率和工作质量也会得到提升,从而增强企业竞争力。

六、杜邦安全培训的延伸

杜邦提出的"所有事故都可以防止""工作外安全""零的目标"等安全理

念,成为众多企业安全管理的基石,而杜邦安全也成为世界工业安全的标杆。

杜邦的安全已经超越了"减少事故"的基本诉求,延伸到设备、质量、运营、仓储、运输等各个生产环节,驱动着杜邦管理体系和企业文化不断完善和发展,支持着杜邦在日益多元化发展中,迅速成为各个领域的领导者。某种意义上讲,是安全成就了杜邦200多年的可持续发展与永续经营。所以,安全如同三棱镜,全面折射出完整的杜邦管理体系和文化机制。

杜邦的人力资源培训架构是以核心价值观培训为基础的,其中,安全位列四大核心价值观之首,因此也是杜邦培训最基础的部分。杜邦的四大核心价值观包括:安全与健康、保护环境、尊重他人与平等待人、最高标准的职业操守。每一条都是围绕"人"的普世价值,并且与个人的价值观和愿景密切相关,从精神意识层面将个人与企业联系在一起。杜邦的入职培训中有很重要的一部分就是核心价值观培训。只有认同杜邦价值观的员工,才具备被雇用的前提条件。而且,被雇用后,每个杜邦员工每年都要由部门主管牵头,接受核心价值观培训和考核。比如围绕"安全"的核心价值观,杜邦对内对外召开各种会议,不论规模大小或者主题为何,开场的10分钟,永远是"安全经验分享",任何员工都可以讲述自己或者别人的安全小故事,其他同事从中学到安全技能。每周杜邦的各个部门轮流开发各种主题的安全培训课件并作为主讲向其他部门员工宣讲安全知识,培训内容广泛贴近员工生活,每个杜邦员工被要求每年至少参加6次此类安全培训。在杜邦内部,四大核心价值观被经常谈及,而且不断得到强化,已经融入每个员工的日常工作中,成为个体和组织行为方式的统一共识和标准指导,由此,杜邦建立了以核心价值观为导向的企业文化。

杜邦的直线型组织架构是实现培训落地、落实到人的重要载体。它的组织设计强调扁平化的直线责任体系,在执行培训系统时,每个直线团队的经理如同其下属的心灵导师,担负下属团队的职业发展设计的职责,鼓励个人的自由意志与责任担当,把握不同年龄阶段员工的职业发展心理,及时了解一线员工的想法及实际困难,密切关注员工的身心状况。中层管理者为正在操作的员工扣牢安全帽、系好安全带以保证其安全等行为,在杜邦工厂已经是司空见惯。这种以中层直线管理者为纽带的培训组织架构,令企业上下紧密联结为一个整体。各种正式的和非正式的、有形的和无形的、在线的和面对面的"心灵"培训,在杜邦内部形成了一种氛围,人人都有"自我实现"的可能性与现实性,员工的自主意识被唤醒,为更有效地实施培训与开发计划提供了一个坚实的心理"软环境"。在这种环境下,员工真切感受到自己的意见被尊重、自己的安全与发展被关心,从而焕发出巨大的创造力。

第四章 杜邦安全培训是文化的渗透与升华

第二节 安全培训增加了安全文化的力量

一、文化力的概述

文化的力量，可以在经济建设中起先导作用，在思想建设中起感召作用，在环境建设中起辐射作用，在人才建设中起催化作用。所以，文化力对一个人来讲，它是支配和改变你的命运的一种巨大的力量，将伴随你一生。文化力是由聚集力、控制力、整合力、转化力、输出力、推动力、吸引力、向心力、渗透力、安全力、生产力、生活力、创造力、品牌力、竞争力、影响力等诸力构成，是推动企业进步发展的新动力。

文化可以改变一个人的一生，同时，对于一个企业也一样。一个企业要做到安全生产，要靠文化，有了安全文化，企业的可持续发展就有了保障。

二、安全文化力的作用

1.导向作用

企业安全文化能对企业整体和企业每个成员的价值取向及行为取向起引导作用，具体表现在两个方面：一是对企业成员个体的思想行为起导向作用；二是对企业整体的价值取向和行为起导向作用。后者是更为重要的一方面。良好的企业文化使员工潜移默化地接受本企业共同的价值观，人们在文化层面上结成一体，朝着一个确定的目标而奋斗献身，这样，那些繁复琐碎的规章制度反而显得不怎么重要了。

2.规范作用

企业安全文化是无声的号令、无形的管制。企业安全文化对企业员工的思想、心理和行为具有约束和规范作用。企业安全文化的约束不是制度式的硬约束，而是一种软约束。软约束产生的依据在于人的文化性和社会性，任何一个作为组织成员的人都有一种心理需要，那就是自觉服从基于组织的根本利益而确定的行为规范和准则。员工在企业中的行为如果得到承认和赞许，就能获得心理上的平衡与满足，相反，就会产生挫折感与失落感。这种约束会造成强大的使个体行为从众化的群体心理压力和动力，使企业成员产生心理共鸣，继而达到行为的自我控制。

3. 凝聚作用

　　企业安全文化的凝聚作用是指当一种价值观被企业员工共同认可后，在特定的文化氛围之下，员工们通过自己的切身感受，产生出对本职工作的自豪感和使命感，对本企业的认同感和归属感，使员工把自己的思想、感情、行为与整个企业联系起来，从而使企业产生一种强大的向心力和凝聚力，发挥出巨大的整体效应。

4. 激励作用

　　企业安全文化具有使企业成员从内心产生一种高昂情绪和奋发进取精神的效应。企业文化把尊重人作为中心内容，以人的管理为中心。在一种"人人受重视，个个被尊重"的文化氛围中，每个人的贡献都会及时受到肯定、赞赏和褒奖，而不会被埋没。这样，员工就时时受到鼓舞，处处感到满意，有了极大的荣誉感和责任心，自觉地为获得新的、更大的成功而瞄准下一个目标。企业文化对员工的多重需要予以满足，并能对各种不合理的需要用它的软约束来调节。所以，积极向上的思想观念及行为准则会使员工产生强烈的使命感、持久的驱动力，成为员工自我激励的一把标尺。

5. 提升作用

　　当企业安全文化一旦形成较为固定的模式，它不仅会在企业内部发挥作用，对本企业员工产生影响，而且也会通过各种渠道（宣传、交往等）对社会产生影响。

　　安全文化力的作用见图4-2。

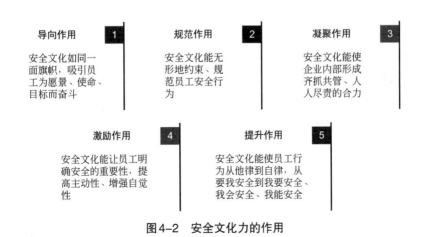

图4-2　安全文化力的作用

三、安全文化力的形成途径

1.安全制度是保障

任何文化力的形成都离不开制度的支持。尤其是在安全文化建设过程中，往往是通过各种制度去规范约束人们的行为，然后把这种行为演变成一种习惯。跟习惯性违章对应的是人的习惯性遵守，依靠制度的不断刺激，才能养成行为习惯，最终的结果是形成依赖于制度的自觉遵守行为，这便是文化力的最终目标。可以说没有完善的制度作为基础，文化力是很难形成的。

2.本质安全是条件

我们知道造成事故的直接原因主要有两个，一个是物的不安全状态，另一个是人的不安全行为。物的本质安全靠的是科技保障，有严密的防范措施和设施，即使出现误操作也不会发生事故。人的本质安全是依靠安全文化的启发引导，让人的行为自动自发自觉自愿地按照安全的标准执行，形成行为的安全文化力。笔者认为第二种即人的本质安全，才是安全文化力的范畴。本质安全要求工作做到前面，提前预防事故隐患，在员工的安全思想意识里做好预防，真正做到"安全第一，预防为主"。安全文化力是在人的生产、生活过程中，是在企业的经济活动中保护人的健康、尊重人的生命、实现人的价值的安全文化力。安全文化的功能就在于将企业的全体人员塑造成具有现代安全文化知识的文化力的人，企业具有掌握安全文化的生产力，才可能实现安全生产的良性循环。

3.执行能力是源泉

安全管理从本质上说是在强化企业的安全工作执行力，是企业安全管理中的核心内容，是在打造企业的竞争优势。反过来看，企业有很强的执行力，也一定会有很高的安全管理水平。安全文化发展到今天，仍有企业将大部分精力花在了形象识别上，这甚至成为其检验安全文化的一个重要标准，甚至是唯一标准。部分企业投入了大量的精力，轰轰烈烈地搞形式主义，导致了走过场、图虚荣的现象，究竟在员工心中留下多少有价值的内容，谁也说不清。笔者认为，检验安全文化的标准只有一个，那就是有效，就是建设安全文化的执行力。企业的安全文化建设采用哪种形式不重要，重要的是内容和执行力，要真正管用，能够体现到员工的安全行为上，体现到员工的安全执行力上。对于企业安全文化建设，一切应以企业员工的生命安全和健康为重，领导要树立起强烈的安全事业心和高度的安全责任感，发自内心地去关心员工和改善其劳动条件，这才是把"安全第一，预防为主，综合治理"作为企业安全文化建设的首要价值取向的表现，才是提升安全执行力的目的所在。

4.组织氛围是基础

组织氛围主要是在企业管理层和操作层两个方面加以落实。首先要规范企业管理层的行为,提高管理层的安全文化素质。企业安全管理层人员要不断学习国家安全生产方针、政策、法令以及企业的各项安全规章制度,以增强法治观念,并认真贯彻落实,不但要懂管理,而且要善管理。其次是全面提高企业操作层的安全技术素质和安全文化素养。企业操作层的安全文化素养是企业安全文化建设的基石,在某种意义上决定着企业安全管理的效果,也决定着企业的命运。只有提高全体员工的安全文化素质,才能全面提高企业的整体素质和管理水平。营造组织氛围,为企业安全管理层和安全操作层营造良好的安全文化建设氛围,牢固树立"安全第一"的思想,不断补充完善安全管理制度,不断探索安全教育新模式,不断夯实安全管理基础,不断取得安全文化建设成果。

第三节　杜邦安全培训促进安全文化发展

一、为员工注入先进的安全文化理念

杜邦通过安全培训,在企业的发展中,为员工注入先进的安全理念。"安全是一项具有战略意义的商业价值,它是企业取得卓越业务表现的催化剂,不仅能提高企业生产率、收益率,而且有益于建立长久的品牌效应。"这是享有"全球最安全公司之一"美誉的杜邦正在全力推广的一个先进理念。

杜邦以安全文化为核心,制定了十分严格、近乎苛刻的安全防范措施。正是这些苛刻的措施,令杜邦的员工感到十分安全。在杜邦全球所有机构中,均设有独立的安全管理部门和专业管理人员。安全专业管理人员与现场安全协调员共同组成完整的安全管理网络,保证安全信息和管理功能畅通地到达各个生产环节。杜邦创建了一整套完善的安全管理方案及操作规程,全体员工严格按照方案和操作规程工作,并主动参与危险的识别和消除工作,确保将安全隐患消灭在萌芽状态。

杜邦还认为:安全文化就是安全理念、安全意识以及在其指导下的各项行为的总称,主要包括安全观念、行为安全、系统安全、工艺安全等。安全文化主要适用于高技术含量、高风险操作型企业，在能源、电力、化工等行业内的重要性尤为突出。所有的事故都是可以防止的，所有安全操作隐患都是可以控制的，杜邦这一理念就是先进的安全文化理念。安全文化的核心是以人为本，这就需要将安全责任落实到企业全员的具体工作中，通过培育员工共同认可的安全价值观和安全行为规范，在企业内部营造自我约束、自主管理和团队管理的安全文化氛围，最终实现持续改善安全业绩、建立安全生产长效机制的目标。

杜邦认为安全文化是在人类生存、繁衍和发展的历程中，在其从事生产、生活乃至实践的一切领域内，为保障人类身心安全健康，并使其能安全、舒适、高效地从事一切活动，预防、避免、控制和消除意外事故和灾害（自然的、人为的）；为建立起安全、可靠、和谐、协调的环境和匹配运行的安全体系；为使人类变得更加安全、康乐、长寿，使世界变得友爱、和平、繁荣而创造的安全物质财富和精神财富的总和。这个理念也是先进的安全文化理念。

杜邦通过进行一系列的安全培训，为员工逐步注入这些先进的安全文化理念，使杜邦在安全管理和安全生产中居世界领先地位。

二、安全培训依靠深厚的安全文化底蕴

安全教育培训是安全文化的表现形式，是安全文化中的一个重要的组成部分。杜邦认为，安全文化是本质性的，安全教育培训是安全文化的形式，是安全文化的表现。

当我们把安全文化作为一个统一的整体予以把握的时候，作为安全文化体系之一的安全教育培训体系无疑包含其中。社会进步到今天，企业发展到现在，安全，是一个永恒的话题。安全工作的主体是人，而人的因素是最活跃、最不稳定的因素。如果说机制是在控的，环境是可控的，那么人的因素无疑是难控的。杜邦认为，人为因素造成的事故约占事故总数的85%以上。可见，人的素质高低，是安全的关键所在。

1.安全文化的独特性影响着安全教育培训的本质特征

每个企业的安全教育培训内容、安全教育培训政策、安全教育培训方式都有很大的差别，这些差别的存在是由主流意识形态决定的。而主流安全意识中无疑蕴含着安全文化的基因和企业的个性。从安全意识出发，人可分聪明的人和愚笨的人。这种聪明和愚笨之分，并不是智商的高低，主要取决于对安全的认识。聪明的人，他们会在思想上高度重视安全，用一种警惕的职业习惯，时刻关注安全，同时，还会以一种积极的态度，用熟练的业务技能确保安全，规避危险，以此实现自我保护。而愚笨的人，不仅是思想上不重视，恐怕连本职

工作都不能胜任,更不要说工作责任心、安全操作技能和自我防范意识了。

2.安全文化的累积性与时代性决定了安全教育培训的内容

安全文化的累积性是指一个群体的安全文化的历史性积累,是群体安全文化通过安全文化继承走到今天表现出来的特征,对传统安全文化的继承是群体安全文化教育培训的重要内容。从行为出发,人可分勤劳的人和懒惰的人。勤劳的人总是善于动脑,手脚勤快,办事总能遵守规章。而懒惰的人,做事图方便,抄捷径,即使在安全面前,也会"偷工减料",这种人的安全多数是靠运气维系着。

其实,找出差别和不足并不难,难的是找到一个缩小差别、弥补不足的途径。而紧紧围绕"以人为本",加强素质教育,无疑是最有效、最直接的方法。当然,有个前提条件不能忽视,就是安全机制的建设和完善,这也是企业安全文化建设的一个重要内容。

安全文化的时代性决定了安全教育培训的另一个方面的内容。安全教育培训不仅是向员工传授安全文化,同时也是紧跟时代安全发展的要求,把握时代安全发展的需要。结合时代发展要求和需要,塑造符合时代要求和需要的安全观念,向员工传授符合时代要求和需要的安全教育培训内容,安全教育培训的效果也更为明显。

3.安全机制是提升员工安全生产水平,实现安全的管理手段

随着安全生产的日益重视,安全机制正处于不断建立和完善中。以供电企业为例,根据长期的实践和积累,逐步形成以各级正职为安全生产第一责任人的管理机制;设立安全监察部门、安全专职人员的组织机制;制订教育培训计划,加强考核奖惩的激励机制;建立人人签订安全目标责任书的风险机制等。这些机制的建立,对安全生产的日常工作具有指导性和决定性作用。但是,在这较为完备的安全机制面前,更值得我们思考的是,如何将那些"墙上挂的、纸上写的"条条框框,转化为我们的思想基础和行为习惯呢?不可否认,教育当先行。

首先,应加强安全思想素质教育。现有的安全教育制度虽已基本健全,但离真正落到实处还有一定的距离。比如说,班组安全学习,不是时间仓促,就是人员不齐,其学习质量可想而知。而真正能将安全信息、事故案例学好用好的,更是少之又少。因此,落实和坚持安全教育制度,必须提高主观能动性,少拿客观原因找借口。开会也好,学习也罢,都要做到有组织有计划、有目的有收效。条件允许的,要做到人员到位,定期展开;条件不备的,要做到灵活多变,跟踪教育。比如:一线生产班组的安全学习,可视情况选择雨天进行;也可在工作现场,结合现场环境和工作特点,进行安全教育,从而保证员工安

全信息"进补"的定时定量。

其次,应加强安全技术教育培训。安全规范的形成,很大程度上依赖于安全生产技术培训。严格的培训,可以帮助员工形成统一的行为准则和过硬的生产技能,尤其能教会员工树立自我保护的意识和本领。因此,加强技术教育培训,应注重针对性、实用性培训,对不同的岗位和工种,特别是文化水平不一的人员,可采取分门别类、因人而异的方法实施,避免"一锅粥"似的教育培训方法。与此同时,更值得注意的是,有培训就应该有考试,考试不一定很难,但必须动真格,否则,就无法保证培训的预期效果。

再次,应深化安全主题活动。在诸多企业里,已不乏各种各样的主题安全活动:百日安全竞赛、春季秋季安全生产大检查、安全达标考核、系统内安全互查,以及技术比武等。要尽可能地开展一些丰富多彩的安全活动,比如:安全知识竞赛、隐患线索有奖举报、先进报告会、书画摄影展、文艺汇演等。用寓教于乐的形式弥补"例行公事"般的活动,以达到全员参与、相互交流、共同进步的目的。

总之,在安全文化素质教育培训的实施上,要讲究普及性和可操作性,不求高深理论,但求科学实用。通过不同渠道,帮助员工纠正和克服投机取巧、蛮干逞能、急躁恐慌、麻痹侥幸、马虎懒惰等不良习惯和心理,进一步增强员工的安全素质基础,从而推进企业安全文化建设,为构建安全、稳定、平安的企业提供有力的保障。

三、夯实安全文化与安全培训是双向互动基础

企业安全教育培训的不断发展也促进了安全文化的创新与进步。离开了安全教育,也就无所谓安全文化的继承与发展,安全文化的继承与创新也就失去了动力。

安全文化的发展推动安全教育培训的进步,没有安全文化就不会有安全教育培训,就没有安全教育培训的具体内容。安全文化的发展推动安全教育培训进步主要体现为两个方面:一是物质安全文化的繁荣推动了安全教育培训技术和安全教育手段的丰富;二是安全文化的发展促进了安全文化信息量的大幅度增加,这也为安全教育培训的发展提出了更高的要求。随着计算机网络技术的快速发展,安全文化信息已是爆炸式增长,面对众多的安全信息,人的认识不可能面面俱到,有些安全信息甚至是错误的,因此,安全教育培训此时承担的职责较过去更具挑战性。如何梳理、辨别安全信息,总结安全信息的特点,传承和发展这些安全文化和安全信息,这些对安全教育培训的发展提出了更高的要求。"三位一体"教学培训见图4-3。

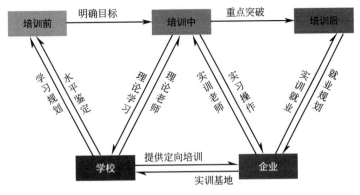

图4-3 "三位一体"教学培训图

四、安全培训增强了员工安全意识

安全生产工作中事故的原因一般可归结为人、机、环境三个主要因素,人是三个因素中的主导因素。人的安全行为很大意义上取决于人的安全意识,因而提高员工的安全意识是抓好安全工作的关键。如何提高安全意识,笔者认为要做好以下几方面的工作。

(1) 做好宣传工作。做好安全生产法规和企业生产规章制度的宣传工作,使大家时刻牢记"责任重于泰山"的教导,提高人们对安全工作重要性的认识,树立"我要安全"的自觉意识,自觉遵守安全生产各项规章制度,为创建平安地区、构建和谐社会贡献力量。

(2) 建立安全考核制度。企业要做好安全管理队伍建设,确实把安全工作放在首位。安全与生产出现矛盾时,要坚决执行"安全第一"的原则。建立和健全安全考核机制,经常组织开展多种形式的检查和考核,考核时要做到深入、细致、全面,考核的结果要与企业和个人的先进评比、经济利益挂钩,实行安全工作一票否决。

(3) 做好预防工作。"凡事预则立,不预则废",安全生产工作更是如此。要坚持"安全第一,预防为主,综合治理"的方针,严格落实安全生产形势分析制度,始终保持清醒的头脑,经常查找安全生产中的不安全因素和各类事故隐患苗头,及时采取针对性整改措施,防患于未然,时时事事都有所警觉,保持良好的安全心态。

(4) 做好教育工作。认真做好安全生产教育,营造安全生产浓厚氛围,是提高安全意识的基础。要定期进行安全生产教育,严格落实好三级安全教育,确实提高员工的如下意识。

① 超前意识。搞好安全生产,要具有超前的安全防范意识,提前做好预防

准备并付诸实际行动，防患于未然，将事故消灭在萌芽状态。

② 长远意识。根据安全发展的需要，认真研究安全管理方面的问题，制定长远的安全管理规划，认真组织实施，强化安全生产基础管理工作，建立安全生产管理长效机制。

③ 全局意识。对生产过程中出现的问题和发生的矛盾，要以个体服从整体、局部服从全局利益的原则来处理与协调好各方面的关系。

④ 创新意识。必须大胆地对现有的安全生产技术与管理进行改革和创新，创建具有自身特色的安全生产管理模式，促进安全生产管理全面健康地发展。

⑤ 人本意识。树立以人为本的经营理念，加强安全生产的宣传教育，让广大员工参与安全生产管理制度的制定，安全目标、安全计划的制订与实施，充分发挥他们的积极性、主动性和创造性。

⑥ 效率意识。避免随意减少安全生产投入，削减安全成本的短期行为，预防安全隐患的产生，提高安全生产管理的效率。

五、安全培训与安全文化相融合

1. 正面熏陶，要念好安全理论"经"

安全理论学习过程包括"闻、观、记"。闻，即以全体员工为对象，通过电视讲座、报告会、培训班、班前会、班组宣讲等时机，以及安全月、知识竞赛等，长期进行安全思想、安全态度、安全责任、安全法制、安全价值观等方面的宣传教育，并从安全哲学、安全文学、安全美学、安全艺术等多角度进行安全文化的渗透，让员工听到并入脑入心，从根本上提高对安全的认识。观，即全方位构建企业安全文化空间，利用安全宣传栏、灯箱、短信网络群、班组安全文化墙等平台，时时处处让员工看到，使其耳濡目染，潜移默化，增强员工对安全理念的认知和理解。记，即在各类学习中让员工做好学习笔记，并通过培训、考试和安全知识答题活动等形式，使其记牢安全文化理念。

2. 反面警示，要专挑典型"事"。

运用典型事故案例开展教育是安全文化建设的重要手段，也是安全教育培训的一大特色。坚持"用身边的事教育身边的人"和分层分类施教的原则，选择身边的违章行为及系统内发生的典型案例，通过制作"安评"曝光照片宣传展板、召开安全大讨论、组织安全事件剖析和开展安全征文等形式，引导员工畅谈安全经验、事故教训和心得体会，自觉纠正不安全习惯和行为。通过这些让职工认清"安全来自长期警惕，事故源于瞬间麻痹""宁绕百丈远，不冒一步险"，真正懂得发生事故对个人、家庭、企业和国家的伤害，从主观能动性上解决"我要安全"的问题，为企业安全生产增加一条"防护链"，为员工人身安全增添一道"保护锁"。

3．理念指导思想，思想决定行动

企业通过各种形式的安全教育，充分阐释安全文化，大力传播安全文化，系统灌输安全文化，认真实践安全文化，唤醒人们对安全健康的渴望，形成生命第一的潜意识观念，树立"安全是企业最大的成本，安全是企业最大的效益，安全是企业发展的基石，安全是员工生命与健康的保障"的理念，科学、准确地摆正安全在各项工作中的位置。当安全理念文化建设达到一定的程度，自然就会影响到安全行为文化。员工具备良好的行为文化，就会剔除不良行为，很多事故就可以避免了。

六、案例教学体现安全文化的重要性

案例教学是一种通过模拟或者重现现实生活中的一些场景，让学生把自己纳入案例场景，通过讨论或者研讨来进行学习的一种教学方法，可通过分析、比较，研究各种各样的成功的和失败的经验教训，通过自我思考得出事故调查的结论。

美国杜邦公司休斯敦工厂发生甲硫醇泄漏事故，5名工人直接暴露于有害气体中，造成4人死亡、1人被送往医院救治。在人们为逝去的生命唏嘘、探究事故原因的同时，与以往任何一起事故相同，此次杜邦泄漏事故也有许多教训可供业内吸取，至少给行业带来两点启示。

启示之一，安全管控永无止境。按说，杜邦公司自发明炸药一举成名后，经过200余年的发展壮大，已经成为全球著名的跨国公司，其安全生产控制水平，让多少化工企业难以望其项背。杜邦的制度不可谓不严，生产现场安全管理措施不可谓不全，但遗憾的是，事故竟然源于一个储存甲硫醇的存储罐阀门失效，造成甲硫醇大量泄漏。有言道：智者千虑，必有一失。这说明，对待安全生产，事无巨细，事无止境，企业每天抱着如临深渊、如履薄冰的审慎态度是必要的。

启示之二，落实制度比制定规范更重要。为了防范风险和保障安全生产，想必所有化工企业都制定了安全操作规程、生产操作规程和设备操作规程等文件。其中安全操作规程是生产的灵魂，也是操作的统领，更是安全的保障，如果不按章办事，不强化落实步骤，一些操作细节就可能转化为安全隐患，而安全隐患一旦碰到时机就可以酿成事故。比如，杜邦的安全制度不可谓不严谨，但仍发生了如此重大的事故。不论有多么完备的制度规范，企业安全预案的重点之一都要放在隐患的排查上，发现并整改了隐患，实际就是减少了事故发生的概率，就是对生命安全的最好保护。

杜邦此次事故的教训尤为深刻，特别值得我国众多化工企业引以为戒。对于国内数以万计的化工企业来说，我们整体的管控水平是不及杜邦的，而且当前行业盈利困难，企业用于安全保障的资金更是相对不足。同样令人担忧的是，国内企业的安全理念与杜邦公司有着巨大差别，最令人担忧之处就是一些企业安全管理上的华而不实。

"安全制度齐全，防范预案齐备"，这是许多企业对安全工作的表述。诚然，制度作为"形而上"的东西，可以装订成册以示威严，也可以张贴在墙上宣传造势，但这些很容易演化为纸上谈兵。因此，在实际安全工作中，企业还是将其置于"形而下"为好，有板有眼地条条落实，规规矩矩地对标执行。

当然，不能因为杜邦发生了泄漏事故就全盘否定其在安全管理方面取得的成就，以及长期积累起来的宝贵经验。与杜邦公司有合作关系的国内企业都知道，杜邦不仅要求做好自己的安全管理，还要把合作企业的HSE管控起来，并每年要进行数目繁多的审核，不合格者是无法获得合作机会的。国内化工企业若想在安全管控方面有所建树，杜邦的经验仍然是可取的。

第四节 杜邦安全培训的技巧

安全培训需要员工接受安全培训和教育的积极性，在培训过程中。教师起主导作用，员工是学习的主体。教学质量的高低，取决于师生两方面的积极性能否充分发挥。教师除了积极加强对员工的指导外，更重要的是调动员工学习的积极性。借鉴众人的经验，经长期实践探索，杜邦总结了九大措施。

一、让员工明确学习培训的目的

当个人和群体因缺乏某种刺激时会呈现一种不平衡状态，会产生想要改变这种不平衡状态以及要求达到新的平衡的需要。人们从事各种活动的目的产生于需要，活动的动机也产生于需要。活动动机是需要的具体表现形式，是推动人们进行活动的内部动力。要调动员工学习的积极性，必须从员工的需要入手，想方设法阐明所学安全知识与他们未来的生活、未来的发展的利益关系,使员工认识到知识对社会和对自己的意义而产生学习的需要,使员工明确学习目的,以推动员工自觉、主动、积极地获取知识,发展能力。

1. 培训能提高员工的工作能力

员工培训的直接目的就是要发展员工的职业能力,使其更好地胜任现在的日常工作及未来的工作任务。在能力培训方面,传统的培训重点一般放在基本技能与高级技能两个层次上,但是未来的工作需要员工有更广博的知识,因此还要培训员工学会知识共享,创造性地运用知识来提高企业竞争力或服务能力。同时,培训使员工的工作能力得以提高,为取得良好的工作成果提供帮助,为员工提供更多晋升和提高收入的机会。

2. 培训有利于企业获得竞争优势

面对激烈的市场竞争,一方面,企业需要越来越多的复合型人才,为进军更大市场打好人才基础;另一方面,员工培训可提高企业新产品研究开发能力,员工培训就是要不断培训与开发高素质的人才,以获得竞争优势。尤其是人类社会步入以知识资源和信息资源为重要依托的新时代,智力资本已成为获取生产力、竞争力和经济效益的关键因素。企业的竞争不再只依靠自然资源、廉价劳动力、精良机器和雄厚财力,而主要依靠知识密集型的人力资源。培训是创造智力资本的途径。智力资本包括基本技能、高级技能以及自我激发的创造力。因此,这要求建立一种新的适合未来发展与竞争的培训观念,提高企业员工的整体素质。

3. 培训有利于改善企业的工作质量

工作质量包括生产过程质量、产品质量与客户服务质量等。毫无疑问,培训使员工素质、职业能力提高并增强,将直接提高和改善企业工作质量。培训能改善员工的工作质量,降低成本;增加员工的安全操作知识,提高员工的劳动技能水平;增强员工的岗位意识,增加员工的责任感,规范生产安全规程;增强安全管理意识,提高管理水平。

4. 培训有利于构建高效的工作绩效体系

在当今,科学技术的发展导致员工技能和角色不断变化,企业需要对组织结构进行重新设计,比如建设团队。如今的员工已不是简单接受工作任务,提供辅助性工作,而是需要参与企业管理与服务的团队活动。在团队工作系统中,员工扮演许多管理性质的角色。他们不仅具备运用新技术获得提高客户服务与产品质量的信息、与其他员工共享信息的能力,还具备人际交往技能和解决问题的能力、集体活动能力、沟通协调能力等。尤其是培训员工学习使用信息工具的能力,可使企业工作绩效系统高效运转。

5.培训可以满足员工实现自我价值的需要

在现代企业中,员工的工作目的更重要的是为了"高级"需要——自我价值实现。安全培训不断给予员工新的知识与技能,使其具有接受挑战性的工作与任务的能力,实现自我成长和自我价值,这不仅使员工在物质上得到满足,而且使员工得到精神上的成就感。通过安全培训传播企业安全精神、企业安全文化内容,提升核心竞争力,增强企业凝聚力、员工归属感,企业可始终处于发展的高速公路之上。

二、激发员工的求知欲望和认识兴趣

强烈的求知欲望和认识兴趣,是推动员工积极学习的动力。人们的求知欲望和认识兴趣,除产生于认识需要外,还产生于人的好奇心、好胜心。因此,培训过程,教师必须创造条件,如设疑、质疑,设计一些与培训内容相关的员工想知而未知的问题,激发员工的求知欲望。创设一定的情境,让员工在课堂上充分活动,动脑、动口、动手,在学有所得中体会到学习的乐趣,促使员工形成认识兴趣。教学实践证明,员工一旦对学习活动产生兴趣,就会产生探求新知识的热情,就会使员工拥有较稳定、持久的学习动力。

1.进行目的培训,培养学习自觉性

学习目的是员工进行安全学习所要达到的结果,而学习动机则是促使员工去达到目的的动因。因此,要使员工形成正确的学习动机,首先要进行学习目的的安全教育培训。

对员工进行安全学习目的教育的机会有很多。培训教师可适时利用生动的事例、数据与资料,向员工进行安全学习目的的教育。如组织员工到工厂、车间、班组、岗位等,了解安全知识在生产实践中的应用,使员工深切感受到安全知识应用的广泛性,进一步提高学好安全知识的自觉性。还可以结合安全培训内容,从生活或科研的实践中引入一些员工能够接受的新知识、新问题,激发员工学好安全知识、应用安全知识去解决生产问题的积极性。这些对员工明确学习安全知识的意义,培养正确的学习动机都是极为有效的。

2.创设问题情境,激发求知欲望

培养员工安全学习动机重要的是激发员工对安全知识的学习的自我需要。培训教师为了组织员工积极参与到安全知识教学活动中去,必须创设各种问题情境,设置各种具有启发性的外界刺激,激发员工的求知欲望和参与意识。课堂教学的导入是诱发员工学习动机的重要环节,培训教师要善于把握好它,使员工尽快地进入最佳的学习状态。

3.运用反馈原理，强化学习动机

在安全教育培训教学中，培训教师要重视学习情况的反馈，这不只是为了让员工能及时知道自己学习成绩的优劣，还可以及时了解自己掌握知识的具体程度。反馈的结果，无论是成功还是失败，是好还是不好，都可以成为激发员工进一步努力学习的动机。

运用反馈原理进行安全教育培训教学，要做到及时、全面与准确。及时反馈一方面是指教师要及时检查员工练习结果的正误，以便及时调整教学安排；另一方面是指员工能及时获得反馈后的信息。及时反馈能满足员工想知道结果的愿望，反馈后的培训效果最佳。全面反馈是指教师要全面掌握员工的反馈信息，而每个员工也能从中了解自己在培训中的位置，随时修正错误或进一步获得激励，充分发挥反馈的维持和调节的功能。准确反馈是指教师应当获得准确的信息，据此有效地调控安全教育培训教学进程。总之，有效的反馈，无疑能起到激励和强化员工学习动机的作用。

4.发挥迁移功能，增强员工学习信心

这里说的"迁移"是指动机迁移，即引导员工把从事其他活动的动机迁移到安全教育培训学习中来。员工的学习动机会在生产中各项活动之间相互影响和迁移。缺乏安全学习动机的员工，对于其他的学习与活动，可能具有相当高的热情与浓厚的兴趣，如果培训教师对员工这方面的积极性能给予充分肯定与鼓励，并使之与安全教育培训学习建立起某种联系，从而转化为安全教育培训学习的动机，是完全有可能的。但如果培训教师为了培养员工的安全学习动机，而限制员工其他方面的爱好，将会适得其反。

培训教师还可以利用表扬与批评手段实现情感迁移。安全培训教师对参与安全教育学习活动的全体员工的所有表现要给予充分肯定与赞许，激励员工奋发向上，并在集体中树立各种类型的榜样；也要善于分析员工造成错误的原因，进行真心实意的批评与帮助，鼓励员工不怕挫折，并在企业安全工作中树立勇于进取的榜样，使员工既要经得起表扬，也要经得起批评。通过人际间的情感交流，发挥情感迁移功能，增强员工安全教育培训学习的信心，这才是目的所在。

三、用丰富有趣的方法进行安全培训

员工从事各种安全活动的积极性，不仅与人们的需要、兴趣、活动的目的直接联系，而且与人们从事活动时大脑皮层神经元兴奋程度密切相关。当大脑皮层神经元处于兴奋状态时，注意力就易集中，积极性就高。在培训过程中，培训教师所选择的培训内容丰富有趣，教学方法新颖灵活多变，能提高员工大脑皮层神经元的兴奋程度，促进员工注意力稳定集中，提高学习的积极性，提高培训的质量。

安全生产工作历来强调"安全第一、预防为主、综合治理"的方针，确保安全生产的关键之一是强化员工安全教育培训。

1. 进行安全教育培训的重要性

对员工进行必要的安全教育培训，是让员工了解和掌握安全法律法规、提高员工安全技术素质、增强员工安全意识的主要途径，是保证安全生产、做好安全工作的基础。大量事实证明，任何安全事故都是由人的不安全行为或物的不安全状态造成的，而物的不安全状态也往往是由人的因素造成的。由此可见，避免安全事故发生，实现安全生产的关键是人。人的行为规范了，不出现违章指挥、违章作业行为；人的安全意识增强了，可以随时发现并纠正物的不安全状态，清除安全事故隐患，预防事故的发生。因此，必须通过教育培训等手段，加强全体员工的安全生产意识，提高安全生产管理及操作水平，增强自我防护能力，这样才能保证生产的顺利进行。

2. 紧紧围绕"以人为本"的安全教育

根据杜邦历年伤亡事故分析，85%以上的事故，都是人的不安全行为造成的。安全工作的好坏取决于每一位员工的安全意识和技能水平。为此，安全教育培训工作重点应做到"以人为本"。坚持结合实际，精心计划，具体从员工的安全意识、职责范围和安全技术操作上下功夫。对每位技术工人，特别是特殊工种人员，从初、中、高级技术所应具备的专业知识和实际技能水平，职业道德和政治思想行为规范等进行教育培训，提高其安全防范意识和操作技能水平。深入一线班组进行安全生产教育，让培训走出教室，深入基层，把知识与技能带到员工身边，提高员工的安全防范意识，让他们在生产过程中对各种可能造成人身伤害的外在环境条件、不安全行为处于一种高度戒备和警觉的心理状态，从而防止事故的发生。这种走出教室讲安全，送知识、技能的培训方法，员工不但易于接受，而且乐于接受。"以人为本"的安全教育，一方面，使"安全第一、预防为主、综合治理"的安全生产方针深入人心，从而提高员工的安全防范意识；另一方面，操作技能的培训提高了员工的操作技能，从而提高了员工的素质，确保了安全。

3. 创新安全教育培训形式

安全教育培训还可以创新安全教育形式，起到更好的教育作用。对安全教育培训除了传统的方式，对操作者进行非常规内容的考试，对违章、事故人员进行的安全教育外，应积极探索新的路子和办法，创新安全教育形式，拓宽安全教育范围。为使员工安全意识得到进一步加强，一是经常把有经验的老同志请过来，为员工讲解安全知识及事故案例分析，使员工深受启发；二是把收集的警句格言汇编成小册子发给每位员工作为其安全操作的指南，构建起单位、家庭、个人"三位一体"的安全培训体系。

4.安全教育培训的主要内容

（1）安全生产思想教育。主要包括：学习国家有关法律法规，掌握安全生产的方针政策，提高全体管理人员和操作人员的政策水平，充分认识安全生产的重要意义；在施工生产中严格贯彻执行安全规程、预防为主的方针和安全生产的政策，严格执行操作规程，遵守劳动纪律，杜绝违章指挥、违章操作的行为；利用过去发生的重大安全事故案例及给社会、给家庭造成的损失，对员工进行安全意识教育。

（2）安全知识素质教育。全体员工都必须接受安全意识教育、安全知识教育和培训，从而掌握必备的安全生产基本知识。安全知识素质教育的内容包括：本企业的生产状况，施工生产工艺，施工方法，施工作业的危险区域、危险部位，各种不安全因素，安全防护的基本知识及各种安全技术规范。

（3）安全操作技能教育。安全操作技能教育，就是要结合本专业、本工种和本岗位的特点，熟练掌握操作规程、安全防护等基本知识，掌握安全生产所必需的基本操作技能。对于管理人员和特殊工种作业人员，要经过专门培训，考试合格取得岗位证书后，持证上岗。

除以上三个方面的教育外，还要充分利用已经发生或未遂安全事故，对员工进行不定期的安全教育，分析事故原因，探讨预防对策；还可对本单位员工在施工中出现的违章作业或施工生产中的不良行为，及时进行教育，使员工头脑中经常绷紧安全生产这根弦，在生产中时时刻刻注意安全生产，预防事故的发生。

5.组织对各项安全预案演练培训

为切实保护广大员工在工作和生产经营活动中的身体健康和生命安全，有效预防、及时控制和消除突发安全生产事故的危害，最大限度地降低生产事故给单位和员工所造成的损失，各单位要积极制定安全生产事故应急救援预案，并组织员工进行演练。结合单位实际，每年都及时制定、修改安全生产事故应急救援预案，并针对应急救援预案，进行消防演习。演练培训，既普及了消防安全知识，又提升了员工的消防意识，增强了员工应对突发事故的能力，为有效地预防和遏制各类事故的发生发挥了积极作用。

安全教育与培训能提高员工搞好安全生产的责任感和自觉性，有利于贯彻各项安全生产法规和政策，帮助员工抓安全技术知识，提高安全操作水平，掌握紧急情况下的应对措施，从而为避免和减少伤亡事故奠定基础。

四、安排培训内容应适当

培训的教学内容太简单会使员工不动脑、不感兴趣。如果学习内容和要求安排具有一定的难度,且这种难度能与员工的学习能力相适应,就能激起员工的求知欲和积极性,特别是员工对自己所学的东西或所做的事情感到不满足时更是如此。

1.强化实际操作培训

企业制定特种作业人员实训大纲和考试标准,建立安全监管监察人员实训制度,在安全培训场所展示新装备、新技术。

2.强化现场安全培训

高危企业要严格班前安全培训制度,有针对性地讲述岗位安全生产与应急救援知识、安全隐患和注意事项等,使班前安全培训成为安全生产第一道防线。要大力推广"手指口述"等安全确认法,帮助员工通过心想、眼看、手指、口述,确保按规程作业。要加强班组长培训,提高班组长现场安全管理水平和现场安全风险管控能力。

3.建立安全培训示范视频课程体系

分行业建立"三项岗位"人员安全培训示范视频课程体系,网上发布,逐步实现优质培训资源社会共享。将示范课程作为培训的重要内容,建立示范课程跟踪评价制度,定期评选优质课程,给予荣誉称号或者适当资助。

4.加强安全培训过程管理和质量评估

企业建立安全培训需求调研、培训策划、培训计划备案、教学管理、培训效果评估等制度,加强安全培训全过程管理。制定安全培训质量评估指标体系,定期公布评估结果,并将评估结果作为安全培训机构考评的重要依据。

5.完善安全培训考试体系

(1)建立安全培训体系。建立一个满足安全生产需要,适应各个企业安全生产特点、开放的、良性循环的培训体系,使培训管理工作做到有章可循,才能确保安全培训质量。建立系统化的培训体系主要包括确定培训需求、设计和策划培训、提供培训、评价培训结果等4个阶段,从而形成完善的PDCA循环(计划、执行、检查、处理)。

① 确定培训需求。企业首先应确定培训的方针目标,只有确定了与企业职业健康安全方针相一致的安全教育与培训的指导思想,才能实现企业安全教育系统的PDCA循环,才能确保安全教育和培训体系的有效运行。

② 设计和策划培训。根据不同的培训目标、不同的培训层次和不同的培训对象,考虑培训对象的岗位职责要求、专业技术能力、受教育水平、工作经验、

曾经接受过的培训以及可承受风险等的因素,制定不同的有针对性的培训教学计划与大纲,因材施教。

③ 提供培训。在安全培训中应认真贯彻按需施教、注重实效的原则。安全培训工作的成绩不仅是看办了多少班,培训了多少人,重要的是看所办的班是否满足企业需要、是否真有实效。

④ 评价培训结果。安全技术培训,不仅要注重理论上应知应会的考核,更要注重现场操作中应知应会和解决问题能力的考核,并作为对培训部门工作业绩考核和奖惩的重要依据,以此增强员工责任心和压力感。

(2) 确保安全培训质量。建立安全培训体系时,如何更好地保证培训质量?可以从以下几个方面入手:

① 培训计划的制订和培训内容的安排与现场条件和队伍素质状况的实际相结合。安全培训目标和计划,必须根据企业对职工知识与技能的要求而确定,突出重点和关键环节,在较短的时间内,使受训人员掌握现场岗位操作的基本要领并具备对突发情况的应变能力。在具体操作过程中,各阶段的培训工作要做到有计划、有重点、易实施、能考核。最后,要及时反馈学员的培训意见,不断完善和改进培训计划,使安全培训工作一直在动态中不断改进提高。

② 知识教育与安全意识教育、专业性培训与综合性培训相结合。以专题业务培训为主线,将企业现状、战略决策、奋斗目标、主要业绩、重点工作、突出问题等内容作为培训的公共课程讲授到位,将法律法规常识、职业道德规范等内容穿插其中。

③ 安全理论培训与事故案例教育相结合。搞好案例教学是理论联系实际的好方法,通过生动的案例讨论分析,通过模拟现场模式,变灌输式为启发式教学,达到理论联系实际、学以致用的目的,从而起到强化培训效果的作用。

④ 安全技术知识培训与法律常识培训相结合。随着新技术、新工艺、新装备、新材料等的不断推广应用,安全生产知识更新的周期大大缩短。同时,随着《安全生产法》《安全生产违法行为行政处罚办法》《生产安全事故报告和调查处理条例》《生产安全事故隐患排查治理暂行规定》等众多安全法律法规的出台,从业人员法律意识也不断加强。安全培训既要注重安全技术业务知识的提高,又要不断增强从业人员的安全法律法规意识。

⑤ 加强培训档案的管理,建立培训反馈制度。计算机化、网络化应成为档案管理的主要手段,使档案的调档查询工作更加方便、快捷。建立教育反馈作用机制,可以及时、准确地掌握培训的效果,巩固以往教学的成果并及时纠正教育培训工作中的错误与偏差。

⑥ 加强师资队伍建设。建立一支既具备专业理论知识，又具备实践经验的双师型教师队伍，是培训工作得以顺利开展和取得效果的根本保证。

⑦ 教材和教学方法改革。在安全培训中以能力培训为主导，传授知识与培训能力相结合，使学员在有限时间内获得较多的有效知识，把以应用安全技术管理为主体的理论教学体系和以实践能力培训为目标的实践教学体系紧密联系起来。

五、让员工在培训中获得良好的体验

提高职工的获得感。企业在开展安全教育培训过程中，经过深入调研，制定并出台了《安全培训教育管理办法》《安全监管人员管理办法》《职业技能人员安全培训办法》等，通过安全培训让职工有希望、有信心、有奔头、有价值体系。

企业给职工最好的福利待遇莫过于安全培训。采取"课堂+研讨+试听+参观+实践"的多维度方式，不断丰富安全培训内容、载体和方法，努力提升干部职工的综合安全生产能力素质，让广大职工进一步认识到了自己在公司发展中的价值，坚定了职工与企业同呼吸共成长的信念。

职工的获得感和幸福感的前提是职工的安全感。职工如果没有安全感，获得感和幸福感就成了空中楼阁。企业在开展安全教育过程中，广大职工提出最多的意见和诉求就是有稳定的收入、稳定的工作生活环境和美好的未来，而解决这些问题的根源是企业持续健康稳定发展。企业把"如何保证企业持续健康稳定发展"确定为安全培训教育主题，并在后续的学习研讨过程中，紧紧围绕"如何进一步提升安全环保管理水平"，结合企业实际坚定不移深化安全文化建设、全过程安全生产管控、关爱职工安全健康，为企业永续安全发展奠定坚实的人才基础。

六、充分利用培训结果的反馈作用

安全培训是提高员工安全意识和技能的有效手段。通过安全培训结果的反馈，使企业形成了如下认识：

1.领导重视，组织健全，是安全生产知识培训取得成功的保证

安全生产知识培训作为落实公司年度安全会议精神，广泛开展学习活动的一个重要组成部分，是提高员工素质确保安全目标实现的重要手段。公司领导对培训工作非常重视，专门强调了各部门的责任，安全管理部门制订了培训方案和具体实施计划，并与公司各部门进行了协商沟通，同时要求公司各部门积极配合安全培训工作的展开，督促各部门及生产一线员工参加安全培训，责任

到人，培训过程严格按照计划进行。有了领导的支持和合理的培训计划做基础，整个培训过程中，员工积极响应，培训热情很高。

2. 培训内容实在，形式多样，突出结合安全意识、安全风险及工作实际

安全培训的教材以授课人根据公司要求编制的课案，针对公司工作实际情况，突出了相关安全方面的内容。同时安全管理部门收集整理了培训知识手册等书籍作为补充教材，对员工灌输了先进的安全理念，介绍了应急救援机制的建立，传授了针对工作实际的安全工作方法与策略等。在培训授课中，授课人利用投影仪，通过生动的画面，详细介绍相关的法律法规，并结合一个个真实的案例，给员工分析事故原因，教育大家防患于未然，提高预防事故的意识和能力，减少或杜绝事故发生。

3. 严格考核，奖惩分明，是企业安全培训有序进行的保证

在企业安全培训过程中，安全管理部门对员工进行了严格考勤，每次上课均进行签到、点名。培训刚结束马上进行理论考试。理论考试采用人力资源部拟定的试卷，考试成绩和员工的绩效挂钩，并对考试成绩优异者及全出勤率的学员给予物质奖励。

4. 深入调查，收集意见，利于今后工作的改进

在企业安全培训过程中，安全管理部门及时就培训的效果及公司安全方面的工作情况，在所有参加培训人员中进行了问卷调查，反馈率要达到100%。员工积极踊跃地提出了各自的看法和建议，安全管理部门对意见和建议进行了归纳总结，以便今后安全培训工作的改进。

总之，通过安全培训教育，员工在安全理念、安全意识、安全风险防范和职业责任四个方面有了很大的进步，通过活动的开展，加强了企业员工凝聚力和向心力，提高了员工的集体意识，培养了员工敬业爱岗的精神。

七、充分利用原有动机的迁移作用

动机迁移是将已有的动机延伸到相关的事物上，使人对相关事物也产生动机。利用员工对其他活动的动机，通过巧妙的办法，找出培训与原有动机的相通点，把这种动机引导到培训上，从而使员工对培训产生新的需要，并指导他们克服困难，这也是调动员工培训积极性的好办法。在培训实践中，那些不喜欢培训的员工，往往是由于某种因素，造成他们缺乏学习动机。在安全培训中，教师应注意运用动机迁移的方法，培养员工的培训动机，这是从根本上改变他们培训心态的有效措施。

学习动机是员工安全学习活动的根本动力，它极大地影响和制约着员工的学习效果和学习积极性。所谓安全学习动机是指直接推动员工进行安全学习的

一种内部动力,是激励和引导员工进行安全学习的一种需要。正如布鲁纳所说:"学习是一个主动过程,对于学习最好的激发乃是对所学材料的需要。"可见,培养与激发员工的安全学习动机至关重要。

在员工缺乏安全学习动力时,将该员工对其他活动的积极性迁移到安全学习活动中,从而使员工产生对安全学习的需要,这是培养后进员工安全学习动机的成功经验。有时后进员工似乎什么长处都没有,就要用极大的爱心去发现员工身上的发光点,利用对该点挖掘员工动机,并将其迁移到安全学习上。

八、适当开展安全教育培训竞赛活动

1.抓实安全教育培训竞赛与工作的有机结合

员工安全教育培训竞赛作为工会经济技术工作中的重要组成部分,不能孤立于工厂工作之外而单独存在,更不能关起门搞竞赛,为了竞赛而竞赛。因此,注重抓好两个结合,以确保针对性和实效性为重点,扎扎实实地开展竞赛活动。

(1)做好教育培训竞赛的横向结合。以落实合理化建议为切入点,力求使安全教育培训竞赛与日常工作紧密结合,有效发挥合理化建议在节能降耗、生产优化和技术改造与创新等几个方面的作用。坚持技术攻关和技术改造项目的提出与竞赛开展的全面结合,坚持技术攻关和技术改造项目的进步性、可行性、效益性原则,以技术攻关和技能创新为活动的主要方针,全面发动广大基层员工为企业献计献策,使安全教育培训竞赛工作贯穿技术攻关和技术改造项目实施的全过程。

(2)做好安全教育培训竞赛的纵向结合。以安全教育培训竞赛为主线,坚持上级工作与工厂竞赛相结合,结合工厂的安全生产实际情况,把竞赛的重点放在安全生产中,通过把安全生产竞赛同车间、班组管理相结合的方式,完成各项具体安全指标、安全任务,并且充分发挥基层单位的能动性,根据实际情况可开展多种形式的基层竞赛。

2.抓实安全教育培训竞赛的实施环节

在竞赛的内容上,坚持创造性劳动的原则,要注意克服依附性,无论开展何种劳动竞赛,都选取影响企业发展的关键和薄弱环节作为主攻方向,而不包揽和代替企业全部生产指标。

在竞赛目标的制定上,坚持从实际出发的原则。要注意克服目标制定的空泛性、封闭性,积极与基层单位工作人员沟通,了解掌握基层单位的实际情况,听取意见和建议,坚决抵制闭门造车、凭空想象的情况发生。如果单凭着自己主观的想法而去开展竞赛，最终只能是离实际工作越来越远。

在竞赛的组织方法上，坚持带动、吸引的原则。要注意克服强制性，通过教育和启发的方式，使基层单位在自愿的基础上参加进来，努力把竞赛变成一种自觉性的行动。以往劳动竞赛组织实施过程中不实、不细，可能造成了个别单位和员工认为竞赛是形式化、走过场，甚至产生了反感、不积极参与的现象。企业可通过采用教育、启发、引导的手段，消除基层单位抵制的情绪，实现竞赛开展的实际意义。

在竞赛的组织领导上，坚持"以我为主"的原则。相关负责人要注意克服无所作为和畏难情绪，发挥中心作用，协调各个参赛单位和职能单位。注意联系主管厂领导和各专业科室领导，坚持公开、公正、公平原则，协调解决竞赛过程中发生的问题，树立自身的权威，要避免由工作的交叉、工作范围划分不清导致的推诿、争执现象。

在竞赛的中间管理上，坚持为基层服务、为生产服务的原则。要注意经常进行调查研究，避免只开展活动不注重管理的现象。加强对基层单位的工作指导，及时帮助基层解决竞赛中出现的实际问题。对于部分员工对竞赛概念理解错误的情况，要认真查找问题根源，适时地开展针对性的培训工作，确保活动开展的方向性。

3. 抓实安全教育培训竞赛的总结评比

竞赛的总结评比是经验积累的过程，也是活动收获成果的过程。只有进行认真的评比，才能总结出先进经验、应用先进经验，从而做到推动全局工作。所以安全教育培训竞赛的表彰工作是十分重要的，因而企业在工作中注意强化和实现以下三个方面的作用。

（1）注重自身评价的作用。在自我评价的过程中，无论是竞赛活动的组织者，还是竞赛活动的参与者都能清楚地认识到在竞赛活动中的不足并吸取有益经验。组织者通过梳理竞赛过程中存在的问题，评价竞赛活动的成效好坏，可为今后开展劳动竞赛提供借鉴，有助于组织者克服管理工作、组织工作、协调工作中的问题，同时对其日常工作水平的提高也能起到巨大的帮助作用。

（2）注重发现成果的作用。职工群众在生产实践中获得了大量的先进经验，把点滴的和分散的经验集中起来，用专业知识给予必要的补充，最后形成规律性的经验材料，才能看出它的重大意义。

（3）注重激励优胜者的作用。竞赛开展的最终步骤就是进行奖励，通过对优胜者、优胜集体的奖励，可以大大提高受奖励人或集体的创优意识，使其继续全身心地努力做好本职工作。企业应采取精神奖励和物质奖励相结合的形式，同时更加注重精神奖励,使获奖者和获奖集体有一种自身劳动被企业认同的感觉,从而在今后的工作中创造出更新更好的技术成果。对其他没有得到奖励的职工和集体,可适当刺激其争胜意识,提高职工与职工间、集体与集体间的竞争意识,形成企业良好的竞争氛围。

4.抓实安全教育培训竞赛的职能分工

安全教育培训竞赛要卓有成效地开展起来,并真正收到实效,光靠培训部门的积极性是远远不够的。只有各单位部门齐抓共管,形成合力才能赛出声色、赛出实效,才能使安全教育培训竞赛更好地促进企业生产工作。

首先,领导牵头,全面支持。领导对安全教育培训竞赛工作开展的支持,能够有力促进竞赛中各项指标的顺利完成,能够解决在工作协调过程中难以处理的问题,能够极大地激发员工的工作热情。要坚持定期向领导汇报、请示,并由上级领导亲自审查安全教育培训竞赛方案,召开会议动员,大大地调动员工的积极性、创造性,从而形成人人参与竞赛、人人重视竞赛的可喜局面。

其次,科室监督,全面落实。职能科室作为竞赛的监督单位,监督考核工作直接关系到竞赛开展的效果,同时也起到了承上启下的作用。坚持科室日常检查与竞赛实际内容相联系,工厂行政考核与竞赛监督相联系。使竞赛工作得到全程监督,全面落实。

最后,员工实施,全面参与。员工作为竞赛的最终参与者、实施者,直接关系到竞赛活动的影响程度。坚持将竞赛活动的影响效果扩展开来,动员全厂员工,使其形成一个有机整体,使每个员工都在整体中发挥作用,努力使每个人感到自己在竞赛中的重要性,得到一种共同参与的认同,从而使工厂上下人员都能以安全教育培训竞赛活动为中心积极行动起来。

九、把培训成绩归因于努力程度

把培训成绩归因于努力程度,是调动员工培训积极性的重要措施。动机产生于需要,需要是人的本能之一。任何人都有被尊重的需要,而尊重是建立在信任的基础上的。这里所说的信任,不仅是指人们对人品和能力的信任,也包括相信人们今后会积极要求上进,并能取得新的成绩。把员工的培训成绩归因于其努力程度,既是对员工的尊重,又是对员工的期望,以满足员工希望被尊重的需要。心理学家马斯洛认为,尊重的需要得到满足,能使人对自己充满信心。一个人如果对社会满腔热情,真正体会到自己活在世上的价值,会想方设法不辜负所信任的人对自己的期望,并以实际行动去争取进步。教师对员工的期待也是一种信任,一种鼓励,一种爱。日积月累之后员工会被感动，对教师更加信赖，做出更大努力，从而使师生之间形成一种默契，取得好的培训效果。

1. 了解员工的归因倾向

归因倾向是持续影响员工对安全教育培训学习成绩归因的重要因素，也是引导员工对安全教育培训学习成绩进行积极归因的前提。培训教师首先应了解员工的归因倾向，这可通过特定的归因问卷来测定，也可在长期的师生交往中留心观察，归纳总结。

2. 区别对待不同归因倾向的员工

对于不同归因倾向的员工，培训教师应区别对待。例如，对于总是将培训成绩不理想归因于能力差的员工，培训教师应经常引导他们将失败归因于努力不够，使他们相信只要努力就可能成功，从而增强自信心。而对于那些总将培训成绩不理想归因于不可控因素的员工，培训教师应通过创设一系列的活动，使他们通过努力获得成功的体验，从而让他们相信培训成绩的好坏自己是能够控制的。对于那些成绩一贯比较差且深有内疚感的员工，培训教师也不妨将原因引向外部，从而减轻员工的心理压力。

3. 把握好教材和考题的难易程度

任务难度是影响员工安全教育培训成绩的重要因素之一。许多实验表明，培训教师可以通过控制教材和考题的难度使员工体验到成功或失败，因此，把握好安全培训教材和考题的难度至关重要。过难或过易的任务都会使员工对培训成绩做出不切实际的归因。如果培训教材或考题过于难，必然使员工经常遭到失败，这容易使员工把失败归因于自己能力差这类稳定原因，挫伤其自尊心，降低其学习积极性和坚持性；如果教材或考题过于容易，员工轻易就体验到成功，容易做出自己能力强的归因而沾沾自喜，认为不用多大努力就能学得好，从而减少学习兴趣，降低对自己的要求。因此，安全培训教学内容和考试题目的难度应切合大多数员工的水平，既使他们感到力所能及，又使他们认识到要经过努力才能取得好成绩。

4. 正确认识自利性归因

归因过程往往会产生偏差，原因之一是人们倾向于把积极的结果归因于自身因素，而把消极结果归因于自身之外的情境或他人，这种倾向称之为自利性的归因偏差。在实际工作中也经常发现，培训教师往往把员工安全培训成绩的提高归因于自己的教学质量好，而把员工培训效果不理想归因于员工不努力或能力差等，培训教师应清醒地认识到这一点。对于员工的自利性归因偏差，培训教师应引导他们正确、全面地分析成败的原因，学会看到自己的不足。当然，培训教师也要多从员工的角度想问题，发扬优点，改进不足，从而提高安全教育培训教学质量。

　　需要说明的是，在这里强调的是要引导员工对培训成绩进行积极的归因，而不特别强调对培训成绩进行正确的归因，这是因为我们认为提高员工培训的积极性是影响员工培训成绩的决定性因素，而正确的归因有可能导致员工培训积极性的降低。例如：培训效果不好真正原因可能是这些员工的能力低，但是如果如实地告诉他们，可能会使其感到无能为力；而如果他们认为是自己努力不够的结果，就可能会在以后的学习中多投入些时间和精力。

第五章 杜邦安全训练观察计划是安全文化的最好实践

杜邦安全训练观察计划是一种以行为为基准的观察计划，借助杜邦安全训练观察计划可观察员工并和他们讨论有关工作安全的方式。这里的安全是非惩罚性的，其目的之一是由员工探讨自己的行为，使他们终于了解为何某种行为应做改善，从而使他们能工作得更加安全。安全训练观察计划有一个重要的技术是安全观察巡回，安全观察巡回的基本步骤为决定、停止、观察、行动、报告。

安全训练观察计划在现场的实际运用是通过安全观察卡来帮助员工发挥自己的知识从而实现的。卡的正面是检核表。当你决定要执行安全观察时，它可以提醒你到底需要哪些行为。观察检核表上的类别是根据人员的行为所制定的，即使个人防护装备、工具与设备、程序与秩序都是指事物，但是你必须要观察人员在这些类别中，做出的安全与不安全的行为，也就是说人员是进行安全观察的关键所在。卡的反面是观察报告。观察后应立即完成观察报告，因为这时记忆犹新，而且你已经远离所观察的对象。一个完整的观察报告应包含观察到的安全与不安全行为、立即纠正的行为、为了鼓励持续安全行为所采取的行动，以及为了防止事故重复发生所采取的行动，同时还应注明观察者的名字、作业区域和日期。

安全训练观察计划体现的是安全文化的实践，因为是非惩罚性的，本章介绍了无指责安全文化以及行为观察与安全文化相互促进等内容。

第一节　杜邦安全训练观察计划介绍

杜邦安全训练观察计划（Safety Training Observation Program，STOP），大家普遍简称为STOP，是一种以行为为基准的观察计划，能让你拥有达到卓越安全绩效的条件。STOP训练你采取行动，帮助员工改变某些工作行为，以达到安全之目的。它还能培养观察及沟通技巧，使你能采取积极而正面的步骤，确保一个更安全的工作场所。实际运用STOP，将可以使你与员工的沟通及所在的工作场的安全绩效更上一层楼。

一、STOP的主要理论

（1）所有事故都是可以防止的，安全是每一个人的责任。

（2）STOP是一种观察程序，通过观察人的行为，并且和雇员交谈关于如何安全工作的方法，以达到防止不安全行为的再发生和强化安全行为的目的。

（3）因为安全或不安全行为总是由人引起的，而不是机器，所以STOP卡将注意力集中在观察人和人的行为上。

（4）STOP是基于对以往事故发生原因的统计分析结果，其中：人的反应（reaction of people）占14%；个体防护用品（PPE）占12%；人的位置（position of people）占30%；设备和工具（tools and equipments）占28%；程序和整洁（procedure and orderliness）占12%；物的不安全状态（unsafe state of matter）占4%。

（5）几乎所有不安全状态都可以追溯到不安全行为上。

（6）一种错误的观点是提高安全管理成绩的唯一方法是纠正不安全行为。但是，肯定、加强安全行为和指出不安全行为一样重要。

（7）STOP安全观察程序是非惩罚性的，必须和你的组织纪律分开来，或者说它不应当和组织纪律相联系。

（8）当雇员知道其行为会威胁到他人生命安全时，或明知工作程序或制度规定，却故意违反和不遵守时，就必须立即停止STOP观察程序，而采取纪律惩罚手段。

（9）不要当着被观察人写观察报告（STOP卡），不要把被观察人的名字写在报告里，因为你的目的是纠正不安全行为、鼓励安全行为进而预防伤害，而不是记录下你所观察的人。不要让雇员感觉到观察卡意味着要找他们的麻烦，要在远离他们的地方填写 STOP 卡，不要让他们感觉到他们正在被记录下来。让他们知道卡里不会包括他们的名字，告诉他们可以看全部的报告。记住：你的目的是帮助雇员安全工作。

（10）STOP 安全观察循环周：决定→停止→观察→行动→报告。

（11）树立高的安全标准。对雇员安全工作行为的最高期望值取决于你所设立和保持的最低标准。

（12）关于 STOP 观察卡：当你决定要做一次安全观察时，STOP 观察卡是非常有价值的，在你做观察之前，看一下观察卡，会提醒你在观察过程中需要注意和寻找什么。做完观察并且和雇员谈过以后，用观察卡对你的观察做出总结，然后存档。

（13）STOP 卡上的类别顺序是根据你应该做的观察顺序来设定的，是以人的行为基础来组织的。

（14）关于个体防护用品：能够在工作当中正确穿戴个体防护用品的人，也会遵守其他的安全规定和安全工作程序。反之亦然，即：不能严格正确穿戴个体防护用品的人，也不会严格遵守其他安全规定，或在工作当中也会无视安全规定。

二、STOP 的优点

（1）使领导者更加关注安全工作。
（2）提高员工的安全意识，激励员工搞好安全工作。
（3）提供沟通平台，增强双向平等沟通的技巧。
（4）大幅度减少伤害及意外事件，降低事故赔偿或损失成本。
（5）了解员工对安全标准的理解和应用程度。
（6）了解安全管理运作良好的部分，识别体系中薄弱环节。
（7）建立安全生产预警机制。

三、STOP 的目的

（1）大幅度减少伤害及意外事件。
（2）降低事故赔偿或损失成本。
（3）提高员工的安全意识。
（4）增强相互沟通的技巧。
（5）培养监督及管理的技巧。
（6）传达管理阶层对安全的承诺等。

四、STOP的意义

STOP的意义具体见图5-1。

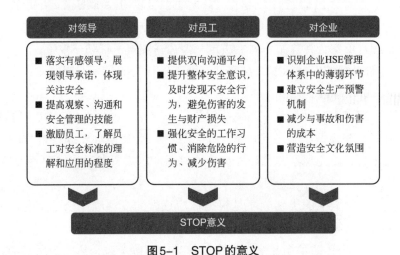

图5-1　STOP的意义

五、实施STOP须进行团体讨论

团体讨论由该团体的主管、经理或领导人负责主持,这是STOP训练中的一个重要部分,在每本STOP观察手册的结尾,观察者会找到一些问题,主管、经理或领导人可以帮助观察者为这个团体讨论预先做准备,讨论将于完成该次观察后举行。

团体讨论使观察者有机会讨论所学的成果,并听到别人的说法。最重要的是,它可以帮助观察者和其他人了解,如何将STOP运用到工作上。在每个观察单元中,有两次团体讨论,一次是在完成自我研习观察手册之后,在这次讨论中观察者将会观看录像带,并回顾所学习的成果。第二次讨论是在稍后几天,也就是观察者将STOP技术应用在工作之后。在这两次讨论中观察者均有机会询问有关STOP的问题,并和STOP训练中的其他人员分享经验。

六、STOP可控制伤害及冒险行为

(1) STOP将重点放在人员及其行为上,解释为什么行为对安全如此重要。

(2) 最重要的关键就是观察行为——可观到人员之行为。下列叙述在于解释安全及冒险行为之间的差异。

① 一个安全的行为是不会将员工本身或其他人员,置于可能受伤的风险之中的。

② 一个冒险行为会造成对员工本身或其他人员的伤害。

安全及冒险行为,同时又称为安全及不安全行为,总是由人员,而不是机器所造成的。这就是为什么技术高明的观察者虽然看遍作业区里的每件东西,却把重心放在观察人员及其行为上,从而确认其是否安全地进行工作。杜邦公司对10年间（2004～2013）可记录的事件统计,表明导致事故的原因具有以下的分布规律,具体如图5-2所示。

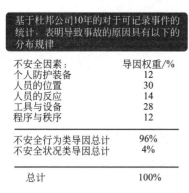
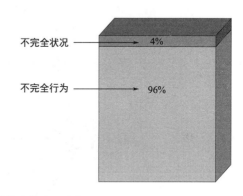

图5-2　造成伤害的原因比例

七、沟通是STOP成功的关键

观察别人工作时,观察者的主要目的就是确保被观察者的行为安全,但是只有观察工作是不够的,还要求观察者尽可能地通过沟通,帮助被观察者改善安全行为。

许多研究都表明,正面的沟通只要使用得当,对于激励员工持续改进不安全行为相当有效,但这并不表明纠正员工的不安全行为就没有效果,只不过沟通安全的行为也是增强安全工作动机的一个重要因素。高情商的沟通的流程见图5-3。

八、安全巡回观察

企业管理者必须将安全和品质、士气、成本及生产看作同等重要,必须鼓励安全的作业实务,消除冒险行为。那么,该如何将这一切付诸行动呢？

对于安全所用的各种方法,将其组合起来的一个重要技术即安全观察巡回。安全观察巡回的基本步骤为决定、停止、观察、行动及报告。

安全观察巡回内的每个字句都代表了一个重要的步骤,只要你继续做你的STOP训练,你就会对每个步骤了解得更多。杜邦STOP行为观察"不安全行为统计"见图5-4。

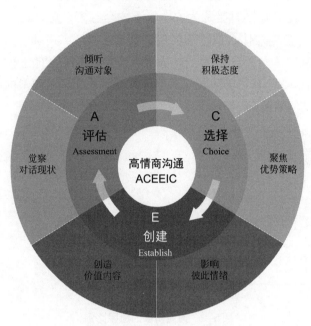

图5-3 高情商沟通的流程

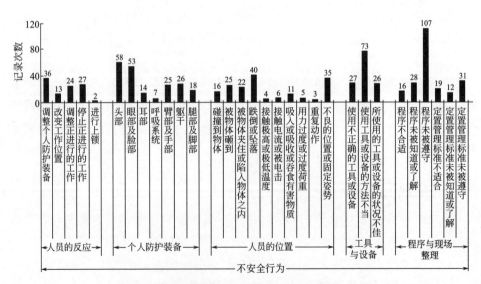

图5-4 杜邦STOP行为观察"不安全行为"统计

第二节 杜邦安全文化与行为观察的关系

一、运用行为观察取得的成就

杜邦公司在20世纪80年代，就在公司内部推行安全观察项目，且取得了如下效果。

① 管理者改善了沟通、督导及管理的技巧。
② 员工普遍提升安全生产意识。
③ 事故事件直线减少50%～60%。
④ 赔偿或成本进一步下降。

如图5-5所示，为行为观察中所用到的STOP安全卡。

二、行为观察与安全文化紧密联系

（1）行为观察运用在安全工作中可以使安全工作细化到员工的每一个行为，并使管理者了解每项工作程序是否真的被安全地执行。

（2）员工通过参与行为安全观察，可以提高自己的安全观察能力，更好地理解什么是需要坚持的安全行为，什么行为是不规范的，使自身的安全意识得到继续提升。

（3）通过有效地施行行为安全观察，可以使作业现场不规范的作业行为的数量大大减少，从而使发生事故的概率随之降低。

（4）可以通过行为观察结果的统计分析，比较准确地掌握公司目前的安全生产状况，了解哪些方面存在欠缺，为持续改进提供依据。

（5）不管是细化安全工作，提高员工安全意识，降低事故发生概率，还是统计分析安全生产状况，都是杜邦安全文化的具体体现，都是通过杜邦安全文化的渗透、内化，使员工在行为观察中表现出良好的安全意识。

三、必须建立无指责文化

无指责文化是指在安全工作中出现失误、陷入困境等时，采取积极应对的行为方式。无指责文化强调改进行为方式，其目的是珍惜工友、同事之间的缘

STOP 安全观察回圈

决定 → STOP 为了安全 ← 报告
停止 ↙ ↓ ↘ 行动
观察

观察报告

STOP 为了安全

观察检核表

有任何不安全打 ✓ 　　完全安全请打 ✓

人员的反应 ☐
- ☐ 改正个人防护装备
- ☐ 改变工作位置
- ☐ 重新安排工作
- ☐ 停止作业
- ☐ 装上接地线
- ☐ 进行上锁

个人防护装备 ☐
- ☐ 头部
- ☐ 眼部及脸
- ☐ 呼吸系统
- ☐ 臂部及手
- ☐ 躯干
- ☐ 腿部及脚

人员的位置 ☐
- ☐ 碰撞到物体
- ☐ 被物体砸到
- ☐ 陷入物体之内或之间
- ☐ 跌倒、坠落
- ☐ 接触极高、低温度
- ☐ 接触电流
- ☐ 吸入有害物质
- ☐ 吸收有害物质
- ☐ 吞食有害物质
- ☐ 过度荷重
- ☐ 反复的动作
- ☐ 不良的位置/固定的姿势

工具与设备 ☐
- ☐ 使用不正确的工具或设备
- ☐ 不当使用工具或设备
- ☐ 所使用的工具或设备状况不良

程序与秩序 ☐
- ☐ 程序不适合
- ☐ 程序不被知道/了解
- ☐ 程序未被遵守
- ☐ 标准不适合
- ☐ 标准不被知道/了解
- ☐ 标准未被遵守

- 所观察的安全行为
- 鼓励继续安全行为所采取的行动

_____
_____
_____
_____
_____
_____
_____

- 所观察的不安全行为
- 即刻的纠正行动
- 预防再发生的行动

_____
_____
_____
_____
_____
_____
_____
_____

观察员签名 _____
区域/部门 _____ 日期 _____

图5-5　STOP安全卡

分，在安全生产工作中团结协作、共同成长，达到事半功倍的效果。

"无指责"不是压抑自己，不是取悦别人，而是发自内心接纳、尊重、理解、感恩工作，用积极的行为方式理性地处理生产中的各种事情，理性地解决安全工作中的矛盾。例如，管理人员在生产中遇到问题时保持理性，了解、倾听、分析、指导员工的安全行为，去解决问题，化解矛盾，达到安全、稳定、长周期、连续运转。绝不能指责员工："你是怎么搞的，怎么能这样操作，出了问题，找我来了，我能解决了吗？"试想，员工听后会是什么感受？企业安全工作中一些良好的工作方法，也可以应用到处理同事、工友工作失误等问题上来。

1. 无指责文化的重要性和必要性

创建无指责文化为企业的"家文化"增添了理性之美。在企业这个组织中，就像一个大家庭一样，只有一种文化。"安全第一，预防为主，综合治理"和家文化、无指责文化是一脉相承的，其根本目的是一致的，都是紧紧围绕着"安全生产"的宗旨来开展工作的。如果说"安全生产"是树，则"家文化""无指责文化"就是树上的新枝。

在企业组织中，如果看似一团和气但每个人都得过且过甚至不愿承担责任，实际上是在消极应对安全工作。家文化强调，二人同心，其利断金。企业这么多人，如果都能够通过无指责文化进一步团结起来，那么，企业安全生产的力量就比"二人同心"要厉害得多。无指责，不是为了一团和气，得过且过，更不是为了推卸责任，而是通过改变思维和想法，从而影响行为，向更积极的安全生产方向努力，使企业安全文化时刻绽放一种理性的美。

无指责文化能优化企业的人文环境。企业的安全理念、安全行为是一个互相联系、互相依存的统一整体，其共同作用形成企业特定的人文环境。创建无指责文化，坚持把"安全第一，预防为主，综合治理"的庄严使命延伸下去，为实现"安全发展，创新发展"的梦想竖起里程碑，无形中也优化了企业的人文环境。

无指责文化能提升个人的安全修养。安全修养简单说就是改正不良的安全习惯，养成良好的安全生产习惯。良好的个人安全修养是一种综合美德，有的员工的举手投足，比如说话微笑、问候招呼、接听电话都会给人一种亲切、舒服、和谐的感觉。"反省自己"实在是安全工作中时刻要牢记的座右铭。员工通过无指责文化的启示，不断学习安全科学文化知识，能够很快地提高安全文化素质。

2. 创建无指责文化的思路

（1）理性之美。我们知道事物是中性的，也有两面性，其意义是人们赋予的。员工的体验是积极的还是消极的，在于其对事物的理解和看法。任何情境，可以让人痛苦，也可以让人欢乐。在安全生产工作中，凡事看坏的一面，即使身在福中也不知福。尤其是当员工陷入情绪化状态时，感觉往往是不准确的。无指责文化就是让员工平和、喜悦，达到理性之美。

（2）营造良好的舆论氛围。企业的安全宣传工作发挥着积极的作用。企业在安全工作中通过多种媒体、网络将创建无指责文化的工作动态、先进经验、优秀典型等对外宣传，让更多的人、更多的企业对这项工作有更多的了解。其中，特别要强化对无指责文化的认识，这样有助于增强员工的安全生产凝聚力和对实现安全工作目标的坚定信心。

3.杜邦在行为观察中的实践无指责文化

杜邦公司在STOP工作中成功的关键因素有5个。第一就是建立无指责文化，通过无指责文化使上下团结一心，搞好安全生产的凝聚力。第二就是领导必须亲自参加，领导亲自参加有利于安全工作的顺利进行和加快解决问题的速度。第三就是设立工作目标，有了安全工作目标，员工才能有奋进的方向和进步的动力。第四就是通过强有力的安全培训，通过培训掌握一定的技能，员工才能安全工作，少走弯路或不走弯路。第五就是沟通，沟通是文化的体现，通过沟通，使大家认识一致，工作一致，这样才能到达胜利的彼岸。STOP成功的关键因素见图5-6。

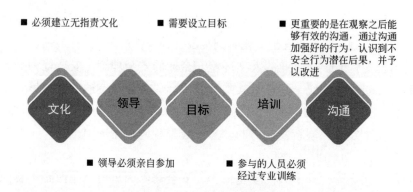

图5-6　STOP成功的关键因素

四、STOP的最佳实践案例

康菲石油公司是推行杜邦STOP安全观察与沟通项目取得良好效果的众多公司之一。1998年，在杜邦公司的协助之下，康菲英国分公司实现了旗下的400多名员工的"零事故"的目标。

作为一家世界性的跨国石油公司，康菲公司一直具有悠久深厚的安全工作的传统。康菲公司不仅一直致力于保护本企业全体员工的健康和安全，同时也努力保证居住在他们经营的或者使用它们产品的社区中的人员安全。康菲公司将安全工作的重点放在员工身上的原因是，根据一项调查显示，工作中85%以上的事故是由不安全的行为导致的。由于员工的态度对工作安全具有关键作用，因此能够证明公司对于安全工作的承诺并且能够保证员工将公司的这种承诺作为自己的承诺是很有必要的。他们的目标是消除一切伤害、职业病、不安全的操作行为以及环境事故。

为了实现上述目标，杜邦公司根据康菲石油公司的目标和现状，采用了杜邦STOP安全观察与沟通项目管理工具。该STOP管理工具强调应给予对于不安全行为的观察更多的注意力，因为如果这些不安全行为没有被发现，迟早都会导致事故的发生。所以在康菲英国分公司，不管是事故还是潜在的可能发生的事故，都会被报告和调查。

由于STOP安全观察与沟通项目强调管理层对组织内事故发生承担责任，因此康菲石油公司的高级管理人员都亲身参与到安全培训和安全审核的工作中。在STOP安全观察审核中，观察的重点集中在员工的不安全行为上，当某个不安全的行为被观察到，管理层需要通过与员工沟通该不安全行为所存在的风险将给员工带来的伤害，并且共同讨论出一个更安全的从事这项工作的方法。

通过STOP安全观察与沟通项目，员工识别不安全的行为和状况的能力提高了，导致事故发生的不安全的行为和状况减少了，从而使公司的安全管理水平得到提高，安全业绩不断提升。

一、现场观察促进安全文化落地

企业学习杜邦公司安全训练观察计划（STOP）核心理念及工作方法，根据企业实际情况设置适用的管理方法和操作流程，探索开展现场观察，目标是借此持续深入开展安全文化建设并实现安全绩效的不断提升，最终形成富有企业特色的一种管理模式。

为充分发挥各级管理层在安全文化落地中的表率和示范作用，加强管理层与岗位一线操作员工全面深入的双向交流、沟通，促进员工养成并保持质疑的工作态度、严谨的工作作风和相互交流的工作习惯，推动全员参与发现身边的问题，凝聚全体员工的智慧，企业可以用"观察—纠正—再观察—再纠正"的模式，逐渐纠正员工的不安全行为，提高安全技能，促进一线岗位操作人员主动参与安全事务，从而营造全员互帮互助、共同解决问题的局面，形成"人人关注安全"的良好安全文化氛围。

1.现场观察促进了干部作风转变

明确做什么。企业的领导班子按照各自分工，走进一线，深入调研，深化现场观察，开展嵌入式班组管理。公司领导亲自抓推进与验收工作，中层管理领导干部亲自到现场组织一线员工梳理管理流程，改进程序，亲自到现场帮助一线员工查找安全上存在的问题，从而保证安全检查在广度上不漏项且有深度，及时发现规章制度、操作规程的缺陷，发现并固化好的操作和管理实践，对已经发现的问题认真整改直至不再出现同类型的问题。企业领导干部要通过实际行动促进作风转变和主题教育调查研究工作的深入开展，要找到管理工作与群众工作的结合点，从而将先进的管理经验和相关的工具方法，结合企业实际应用到现场管理中。

知道怎么做。企业可以围绕"安全文化建设"活动要求，积极策划，以"认真履职、遵章守规"为主题，结合现场观察落实"安全文化建设年"实施方案，以"培育一流文化，锤炼过硬作风"为目标，在企业范围内全面推行现场观察相关工作，进一步实现现场观察主体的全面化（各部门、单位），将现场观察的对象从原来关注"安全行为和不安全行为"扩展为企业生产经营、现场运行、业务管理等各个方面，将企业安全文化落地和作风转变落实到现场观察、嵌入式班组的具体工作中。

2.现场观察促进了全员参与

全员参与是STOP的基础，是STOP的重要组成部分。全员参与已成为当代企业安全管理普遍适用的理念。"全员"表现在三个方面：首先是横向的全员，即所有部门的参与。生产现场的设备维护体系不仅是设备部门的工作，生产、工程、人力资源、财务、工艺等各个部门都应该参与其中。其次是纵向的全员，即从最高领导到一线的每个员工都关注生产现场的设备维护保养。6S活动不仅要在生产车间进行，还要推广到办公室，要号召每个员工做，干部、领导自己先要做个样子。最后,还包括小组自主活动。为什么要全员?不少人认为:上层领导参与设备维护体系是人力资源的浪费,没有必要。管理者的任务是让工人去做,而不是自己亲自去做,管理者应该做他们应做的工作。但一个企业最本质、最重要的就是生产现场,以及把蓝图变成产品的设备和员工。唯有这些,才能给企业创造源源不断的财富。没有生产、设备系统,没有这些员工把产品生产出来,创造财富和增值,那些管理部门就根本没有存在的意义。无论是企业的哪个管理部门,其存在的价值就是为真正创造增值的生产系统服务。走进现场,观察现场,观察实物,分析原理,全员参与,才是有效安全管理的精髓。

二、如何在现场使用STOP卡

1.STOP卡的宣传工作

STOP卡是一种在现场进行HSE管理的新方式,要在员工中做好宣传动员和培训工作,使大家对使用STOP卡有一个正确的认识,并能正确使用。

2.STOP卡的使用

为便于雇员能及时正确使用STOP卡,各观察点应将STOP卡放在员工容易拿到的地方或分发给每个员工,使每个员工在进行作业前对照STOP卡进行必要的自我检查,或在作业过程发现人的不安全行为和物的不安全状态后及时进行记录观察。

3.STOP卡的收集

各观察点应在值班房、会议室等地方建立STOP卡收集站,员工将当天观察到的不安全行为写在STOP卡上并投进STOP卡收集箱,由HSE监督人员负责收集。相关人员对所收集的STOP卡要进行分析,对员工所反映的问题要及时进行整改和处理,并对收集的STOP卡妥善保存。

4.STOP卡的奖励

为鼓励员工积极使用STOP卡,每个作业队对每月收集的STOP卡进行一次评选,对很有价值的STOP卡观察者给予一定的物质奖励。

5.STOP卡的适用范围

STOP卡适用员工在不了解情况下的不安全行为的观察记录,是非惩罚性的。当员工知道其行为会威胁到他人安全时却故意违反制度规定,或明知工作程序却不遵守时,就必须对其立即停止STOP观察程序,而采取相应的纪律惩罚手段。

三、安全文化促进STOP顺利进行

人的不安全行为是事故发生的主要原因,为深入落实安全基础管理的核心安全管理要求,进一步帮助工厂杜绝人的不安全行为,同时帮助工厂降低工伤事故率,降低赔偿或成本,提升员工安全意识以及协助管理者改善安全管理沟通、督导及管理技巧,必须进行行为安全观察活动。

根据行为安全观察活动结果分析,提升工厂安全管理水平,改善工厂安全生产状态,安全工作须从以下几个方面重点开展:一是加强对员工的日常监督并加强培训,促进员工完成从"要我安全"到"我要安全"的转变;二是逐步改善员工的作业环境,保证安全状态;三是加强对设备、工具安全环保操作规程的培训;四是加强对程序及标准的培训;五是加强文化建设。

我们以一个成功完整的STOP来看安全文化的作用。

1.确定观察对象

杜邦认为现场做STOP的时间不能太长,一般应控制在15分钟之内。所以,选择一个具有代表性的作业观察非常重要。这一点是要具有一定的安全文化底蕴的。观察的对象可以是正常的作业的员工,也可以是临时性作业的员工,还可以是承包商作业的员工。

2.观察和靠近

观察和靠近需要观察者要有一定的安全文化素养。站在一个安全的、不妨碍员工作业的地点对员工的作业情况进行观察(一般不要超过5分钟)。然后选择一个安全的切入点轻声和员工打招呼,引起员工的注意,简单地介绍自己,说明自己正在进行的工作。选择切入点时,一定要选择作业者停顿的时间切入,不要贸然打断员工的正常作业,也不能大声喝止,否则,可能增加风险,甚至造成事故。可见,观察和靠近是有讲究的,没有一定的文化素养也是不行的。

3.学习和倾听

简单地介绍后,了解员工正在进行的工作,询问员工是否了解作业存在的风险以及对风险的控制措施,是否接受过安全培训,并了解员工从事本岗位工作的时间,是否在工作中出现过事故和危险情况,是否了解紧急情况下的应急程序,在紧急情况下如何寻求帮助和支援等,在这个过程中,观察者一定要耐心倾听员工的说法。倾听的过程是一个安全文化深化的过程,也是在学习中进一步发展安全文化的过程。

4.充分沟通

观察者对观察到的好的、安全的作业行为,必须鼓励并表扬员工。对观察到的一些不好的、不安全的行为，提出自己的看法和担心，并询问员工是否也有这种担心。针对员工的不安全行为，询问员工为什么这样做，探寻不安全行为的背后的根源，是习惯性违章，还是培训不到位，还是文化素质有待提高等。

5.取得承诺

这一点非常重要，针对观察到的员工的一些不安全行为，一定要让员工自己认识到不安全行为可能带来的后果，并取得员工安全作业的承诺。最后，感谢员工和自己讨论安全问题，并提醒员工始终安全地工作，安全地操作，并关注周围同事的不安全行为，这也是"四不伤害"的具体体现。

当然，在实施STOP的过程中，也可能没有观察到员工的不安全行为，这正是观察者所希望的，这时候主要是对员工的安全行为、安全操作进行表扬和鼓励，并提醒员工保持这种良好的安全作业行为，并帮助同事一并安全地作业。

至此，一个成功的STOP就基本完成了，但还没有完全收尾，还应当进行记录，并通知区域负责主管和经理。记录有利于事后进行统计分析，找寻不安全行为多发的区域，然后重点进行安全管理。杜邦安全观察与沟通内容见图5-7。

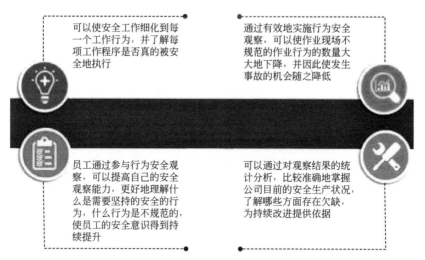

图5-7 杜邦安全观察与沟通内容

一个完整的STOP行为观察蕴含着深刻的安全文化，这种安全文化是行为层的文化。企业安全文化的行为层，是指企业员工在企业经营、教育宣传、人际关系活动、文娱体育活动，以及人员管理中产生的文化现象。它是企业经营作风、精神风貌、人际关系的动态体现，也是企业精神、企业价值观的折射。企业安全行为文化建设的好坏，直接关系到企业职工工作积极性的发挥，关系到企业经营生产活动的开展，关系到整个企业未来的发展方向。企业行为文化集中反映了企业的经营作风、经营目标、员工文化素质、员工的精神面貌等文化特征，它直接影响着企业经营业务的开展和经营活动的成效。 从人员结构上划分，企业行为中又包括企业家的行为、企业模范人物的行为、企业员工的行为。STOP安全行为观察很好地诠释了这一点。

第六章 杜邦安全文化管理的经验和做法

建设安全文化其目的是让企业员工要安全、懂安全、会安全、能安全、通安全。安全方面做到这五条是非常不易的,必须使员工学会安全知识、掌握安全技能、创造安全环境、养成安全习惯、端正安全态度。实质就是安全文化的建设和提高。

本章介绍了杜邦消除事故隐患的实践、安全文化建设的方法、安全文化建设的途径,以及杜邦在文化建设中对事故的处理和实际例子。

企业安全文化建设是一项长期的工作,不可能一蹴而就,而是要经过长期的实践和积累,通过一系列的安全举措和工作实践,通过深入而细致的隐患排查,通过工作方案的应急演练等,逐步建设而成。因此,安全文化建设需要坚持不懈,需要持之以恒,需要循序渐进,需要一步一个脚印。

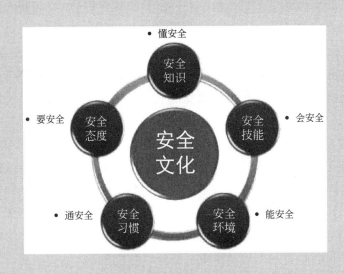

第一节 杜邦消除隐患的实践

杜邦公司认为，工作场所从来都没有绝对的安全，导致伤害事故发生的是处于工作场所中员工的不安全行为。企业实际上并不能为员工提供一个绝对安全的场所，只能提供一个使员工安全工作的环境。有的美国学者认为85%以上的事故是人祸，我国官方也承认，特别重大事故几乎100%是责任事故，都是人为事故。正因为事故大多是由人的因素引起的，而人的行为是可以通过安全理念、意识、制度等加以约束和控制的，所以，人可以成为事故的起点，也可以成为事故的终点。只要抓好了人的管理，抓好了员工的意识，抓好了员工的思想，抓好了员工的行为，杜绝违章违纪，消除隐患，事故自然就可以避免了，安全事故的发生也必将极大地减少。

一、消除隐患的关键在人

事故可以预防，也可以避免，关键在于人，在于每一个员工，在于每一个员工工作中的每一个细节。安全生产过程中的任何作业都存在着包括人、机、物、环境等方面的危险因素，如果不进行预防，不及时消除，就会酿成事故。因此，要从根本上防止事故的发生，就必须把安全生产中一切潜在的危险因素事先辨识出来，加以控制和解决。而研究和发现危险因素和隐患的过程，也就是通常所说的预防。

人们在安全事故发生之前，预先防范事故征兆、事故苗头，预先采取积极有效的防范措施，那么，事故苗头、事故征兆、事故本身就会被减少到最低限度，安全工作水平也就提高了。

员工的群体行为决定了企业整体的精神风貌和企业的安全管理水平，体现了企业未来的发展趋势，员工群体行为的塑造是企业安全文化建设的重要组成部分。所以企业要通过各种方法去培训和激励措施，使员工提高知识素质、能力素质、道德素质、勤奋素质、心理素质和身体素质，将员工个人目标与企业目标结合起来，形成合力。

二、必须坚持"六要六不要"原则

1."六要六不要"内容

一要充分准备，不要仓促上阵。充分准备就是不仅熟知工作内容，而且熟悉工作过程的每一细节，特别是对工作中可能发生的异常情况，这些都必须在事前搞得清清楚楚。

二要有应变措施，不要进退失据。应变措施就是针对事故苗头、事故征兆甚至可能发生的安全事故所预定的对策与办法。

三要见微知著，不要掉以轻心。有些微小异常现象是事故苗头、事故征兆的反映，必须及时抓住它，加以正确判断和处理，千万不能视若无睹，置之不理，留下隐患。

四要以前车为鉴，不要孤行己见。要吸取其他人、其他单位安全问题上的经验教训，作为本单位、本人安全工作的借鉴。传达安全事故通报，进行安全整顿时，要把重点放在查找事故苗头、事故征兆及其原因上，并提出切实可行的防范措施。

五要举一反三，不要故步自封。对于本人、本单位安全生产上的事例，不论是正面的还是反面的事例，只要具有典型性，就可以举一反三，推此及彼，进行深刻分析和生动教育，以求安全工作的提高和进步。绝不可以安于现状，不求上进。

六要亡羊补牢，不要一错再错。发生了安全事故，正确的态度和做法就是吸取教训，以免重蹈覆辙。绝不能对存在的安全隐患听之任之，以免错上加错。

2.吉尔伯特法则

最危险的情况是你意识不到危险。英国的人力培训专家吉尔伯特曾提出一个管理学上的著名法则，即"工作危机最确凿的信号，是没有人跟你说该怎样做"，人们将之称为吉尔伯特法则。这句话引申到安全管理上，就是最平静的时刻往往是最危险的时刻。因为危机无处不在、无时不在，一个环节的疏忽，一位员工的小小懈怠，都可能会酿成重大安全事故。

在杜邦，有近乎苛刻的安全指南。比如：在走廊上，员工没有紧急情况时不允许奔跑；上下楼梯必须扶扶手；将笔筒里的笔尖全部朝下；打开抽屉取放东西后必须马上关好；人坐在椅子上，不能让座椅只有两条腿着地；椅背上不能挂衣服，统一挂在衣服架上；水杯必须带盖子；水杯必须远离电脑；会场上，插线板的电源线如果暴露在地面上，必须用胶带把电线固定在地面上；等等。

"安全是一项具有战略意义的商业价值。它是企业取得卓越业务表现的催化剂，不仅能提高企业生产率、收益率，而且有益于建立长久的品牌效应。"这是杜邦员工一直向世界诉说的"安全经"。

3.做到"六要六不要"的方法

（1）坚持抓好教育。通过提升素质规范员工行为。

在"学"字上聚心，提升理论思想水平。一要加强员工日常安全理论教育。建立完善学习制度，制订学习计划，组织全体员工认真学习安全规程，切实提高员工的素质。二要深化预防为主主题教育。结合现场实际教育活动，使员工接受安全生产教育熏陶。

在"严"字上用心，加强员工日常管理。坚持开展员工考核工作，在履行员工安全义务工作上，对员工实行目标管理，从安全生产工作上定标。同时，重点教育引导在一线工作表现好的年轻职工向领导岗位培养。

在"带"字上凝心，体现示范引领作用。领导班子成员以身作则，率先垂范，带头参加安全学习讨论，带头谈学习体会、讲安全课、作安全报告，带头以普通员工身份参加所在单位的生活会，与员工一起接受安全教育，在潜移默化中不断提升创新意识和创先水平。

（2）坚持严格考核。督促员工不碰制度的"红线"。管理学上有一个强化定律：你奖励什么就可以得到什么，惩罚什么就可以避免什么。让员工明确该做什么、必须做到什么程度、没有做到会受到什么样的处罚，在实际考核过程中兑现奖惩，让制度落到实处。

（3）坚持加强监督。使员工行为处于受控状态。一位科学家做过这样的实验：把许多跳蚤放到一个广口瓶里，瓶口用透明玻璃盖住。刚开始时，跳蚤们拼命地往外跳，但都被玻璃挡了下来。一段时间以后，即使把玻璃取下来，那些跳蚤也只能跳到瓶口那么高。人是具有惰性的，往往习惯于选择方便，这也是某些员工放松对自己的要求、违反规章制度的主要原因。为此，必须坚持巡查，加强现场监督，必要时对现场进行实时监控，对办公环境实行开放式办公，强化工作人员之间的相互监督。通过长期的约束，在跳蚤理论的瓶口高度内行事，员工自然而然地就养成行为规范。

（4）坚持用好载体。让员工在潜移默化中规范行为。为了使行业行为规范成为员工的自觉行动，并达到习惯成自然的境界，应通过报纸、网站、宣传栏等载体，大力宣传行业行为规范，使规范入心入脑，同时开展"着标准装、用文明语"主题教育活动，倡导文明新风。

（5）坚持选树典型。让员工在正面激励中遵章守纪。每个人都有精神需要，蕴涵着巨大的精神力量，在获得激励时，人的精神力量得到开发，激励越多，所开发的精神力量就越大。榜样的力量是无穷的，通过选典型、树榜样，形成人人赶超先进、个个争当先进的良好局面。

（6）坚持心理疏导。让员工在自我暗示中约束自己。行为科学告诉我们：自我暗示能使个体加深对某个观念的认识，并按某一方式行动，在安全文化建设上加大思想政治工作力度，对个别人实施一对一思想政治工作，耐心疏导，形成共识，使其在自我暗示中得到自律。

第二节 安全文化建设的方法

文化建设对整个国家和民族发展繁荣发挥着不可替代的作用。而在一个行业加强文化建设同样具有战略性意义，它可以帮助塑造良好的行业文化，营造团结、和谐、创新、奉献的行业氛围，不断提高行业的知名度和美誉度，从而提高行业的竞争实力。应急管理安全生产监管监察相关部门担负着应急管理安全生产监管监察的重大责任，安全文化建设的程度关系到国家及民族的整体形象。因此，应急管理系统在安全文化建设中要立足于实践，着眼于世界文化发展的前沿，着眼于应急管理安全生产监管监察事业振兴的远大目标，发扬民族文化的优良传统，在内容和形式上积极创新，大力发展安全文化，使之成为应急管理安全生产监管监察系统的文化追求和精神风范，不断增强吸引力和感染力，为应急管理安全生产监管监察事业的又好又快发展提供强大的精神动力。为此，笔者认为：建设安全文化，要注重把握好"五个关系"、强化"五个建设"，通过应急管理安全生产监管监察系统的共同努力，最终实现"四个作用"的目标。

一、安全文化建设必须把握好"五个关系"

1.把握好安全发展与安全文化的关系

要将"安全发展"贯穿到安全文化建设之中，紧扣时代发展脉搏，把握先进文化的前进方向。

2.把握好继承与创新的关系

一方面要继承和发扬中华民族优秀的传统文化和精神，充分吸收民族优秀传统的丰富营养；另一方面又要自觉地把市场经济固有的竞争意识、民主意识、平等意识、法治观念等思想文化意识融入安全文化建设之中，不断融合现代科学与教育、现代安全的新内涵，形成具有现代知识、现代理念的安全文化，以此提高和调动全员的参与性、自主性和创造力。

3.把握好民族与外来文化的关系

在安全文化建设中，一定要坚持民族特色、行业特点。与此同时，随着科技的发展和文化交流的扩大，吸纳世界各国一切优秀文化成果，学习和借鉴国外在安全文化建设方面的成功经验。

4.把握好安全文化与安全职责的关系

加强安全文化建设的目的是为安全发展提供精神动力，切不可将两者割裂开来，甚至对立起来。安全文化要始终围绕应急管理安全生产监管监察行政执法、服务经济发展等工作中心来进行。

5.把握好安全文化建设和职工队伍建设的关系

员工的思想道德素质、业务技能、精神面貌决定了安全文化的整体水平，而优秀的安全文化对引导员工树立正确的世界观、人生观、价值观，帮助员工树立文明意识和主人翁意识，提升员工的思想道德素养和科技文化素养有着巨大的推动作用。

二、安全文化建设要强化"五个建设"

1.必须强化队伍建设

实践证明，安全文化对建设一支高素质的应急管理安全生产监管监察队伍赋予了新的内涵，提出了更高的标准。安全文化是以培育人，增强队伍的凝聚力和培养人的创造力为重要目标，也就是通过人本化的管理来凝聚人心，从而推动应急管理安全生产监管监察事业的又好又快发展。

2.必须强化廉政建设

廉政建设不仅关系到行业的文明程度，而且关系到企业的安全事业的生死存亡，是一项长期的战略任务。要建立健全各项规章制度，严格规范应急管理安全生产监管监察队伍的行政执法行为和廉政纪律。深入推进党风党纪教育，增强廉政自律意识，注重利用典型腐败案例教育干部职工引以为戒，提高拒腐防变能力。

3.必须强化制约建设

安全文化作为一种全新的管理思想，它的主要功能是提高有效性和贡献率，促进应急管理安全生产监管监察事业的发展，从而加快建立内部管理、责任监督考核和奖惩机制等，实现"用制度管权、按制度办事、靠制度管人"的科学、规范的管理体制，形成一心一意谋发展，聚精会神搞建设的浓厚氛围。

4.必须强化环境建设

良好的文化氛围,是应急管理安全生产监管监察事业发展的重要条件。既要抓好软环境建设,又要抓好硬环境建设,坚持"两手抓,两手都要硬"。在软环境建设方面,结合文明创建工作,科学规划,合理布置,使安全文化建设寓于工作职责之中,在工作中逐渐形成一种安全文化氛围。同时,挖掘行业内的文化艺术,丰富文化生活。文化艺术是行业精神的火炬,是激励员工奋发进取、创造和谐美好生活的号角,对于充实精神世界、提高生活质量、舒缓心理压力、促进行业和谐有着不可替代的独特作用。在抓好硬环境建设方面,本着"因地制宜、量力而行"的原则,不断改善员工工作生活环境,积极建设花园式办公环境;充实"两室一家"建设(即图书室、活动室和职工之家),避免只重建设,不重管理,要不断充实完善相关内容及设施,使员工在良好的安全文化氛围中锤炼人格修养,规范行为准则。企业要保证安全文化警钟长鸣,见图6-1。

图6-1 安全文化警钟长鸣

5.必须强化"窗口"建设

应急管理安全生产监管监察相关部门的行政执法人员面对的是社会广大生产经营企业及企业法人,一言一行、一举一动都体现部门的整体形象。因此,建设安全文化,就必须强化"窗口"建设,在擦亮窗口上下功夫。同时,要依法进行应急管理安全生产监管监察,严格把关,时时维护国家执法人员形象。要全力服务促进地方经济建设,深入一线调研,落实服务措施,及时解决企业的难点、热点问题。想企业之所想,急企业之所急。

三、安全文化建设要起到"四个作用"

1. 导向作用

安全文化是应急管理安全生产监管监察系统共同的价值观念，是凝聚全员的一种内在力量，是维系个人理想和工作目标的共同信念，是维系个人奋进和事业发展共同努力的方向。

企业安全生产决策是在一定的观念指导和文化气氛下进行的。它不仅取决于企业领导及领导层的观念和作风，而且还取决于整个企业的精神面貌和文化气氛。积极向上的企业安全文化可为企业安全生产决策提供正确的指导思想和健康的精神气氛。

2. 凝聚作用

安全文化又像一种亲和剂、润滑剂，能使应急管理安全生产监管监察队伍内部形成融洽良好的人际关系。现代企业管理中的系统管理理论告诉我们，组织起来的集体具有比分散个体大得多的力量，但是集体力量的大小又取决于该组织的凝聚力，取决于该组织内部的协调状况及控制能力。组织的凝聚力、协调和控制能力可以通过制度、纪律等产生。但制度、纪律不可能面面俱到，而且难以适应复杂多变及个人作业的管理要求。而积极向上的共同价值观、信念、行为准则是一种内部黏结剂，是人们意识的一部分，就可以使员工自觉地行动，达到自我控制和自我协调。

3. 激励作用

安全文化可以增强应急管理安全生产监管监察队伍的员工的荣誉感和责任心，时刻激励和鞭策他们为了事业的繁荣而努力工作。积极向上的思想观念和行为准则，可以形成强烈使命感和持久的驱动力。心理学研究表明，人们越能认识行为的意义，就越能产生行为的推动力。积极向上的企业安全生产精神就是一把员工自我激励的标尺，他们通过对照自己的行为，找出差距，可以产生改进工作的驱动力。同时企业内共同的价值观、信念、行为准则又是一种强大的精神力量，它能使员工产生认同感、归属感、安全感，起到相互激励的作用。

4. 约束作用

安全文化的工作理念、价值观念、道德观念、行为准则，对应急管理安全生产监管监察队伍全员起到心理和行为上的共同的制约作用，从而达到提升应急管理安全生产监管监察队伍员工的思想道德素质，规范应急管理安全监管监察队伍员工的行为，推动和达到应急管理安全生产监管监察事业又好又快发展的目的。

约束力是通过强化政府行政的安全责任意识，约束其审批权；通过管理文化的建设，提高企业决策者的安全管理能力和水平，规范其管理行为；通过制度文化的建设，约束员工的安全生产施工行为，消除违章。

第三节 安全文化建设的途径

一、建立安全管理职责

1. 在职责内容上，杜邦力求岗位职责内容明确、清晰

杜邦公司将个人承诺与岗位职责紧密联系，只有明确岗位职责，才能进一步明确承诺。杜邦公司专家认为，我们的岗位职责内容相对较宽泛，语言表述模糊，具体工作任务和赋予的权利不清晰，不利于个人承诺和目标的制定，不利于员工了解作业内容和主要工作任务，不能使岗位员工立足于本岗位积极主动地开展工作。

2. 在职能界定上，杜邦严格直线制划分、分级负责

机关部门对上主要起参谋作用，负责调研、收集、统计、分析有关数据，提供给领导进行决策，对下提供技术支持和咨询指导，在制度修订层面上主要负责起草管理技术标准和管理过程控制文件，为生产主体单位提供管理技术指南和管理依据；在监督检查层面，主要是指导下级如何做，教会他们方法，而不是替他们做；基层单位则负责具体事务的开展。杜邦公司专家认为，我们的机关部门在实际工作中直接管理到二级单位、三级单位，甚至基层单位，忽略了执行的主体。比如：在制度建设层面上，我们组织为基层编制规章制度，为岗位人员编制作业规程，由于基层岗位员工没有充分参与，他们可能认为这些制度是强加到头上的，在执行过程中缺乏积极性、主动性；在监督制度落实层面上，二级、三级的管理人员直接查处违章、隐患，并进行处罚，职能与基层重复，容易形成多头管理，使基层无所适从。职责界定不清，工作相互代替等问题的存在，使"肠梗阻"现象长期得不到有效解决。杜邦公司专家建议，要解决此类问题，上级应给下级提供"钓鱼的方法，而不是直接给鱼"，更不是越过二级、三级单位，直接插手基层单位的管理事务，甚至直接插手到岗位。

3. 安全部门的职责

杜邦的安全部门承担着咨询、安全经验分享、培训、检查审核、参与事故调查、统计分析和技术指导的职能。杜邦公司专家认为，我们的安全管理部门承担了过多的具体事务，导致本职职能不能得到有效发挥，如管理技术的研究、开发，以及所发现问题的追根溯源、持续改进等。

二、目标的制定与考核

1. 在目标的建立和分解上，杜邦公司实行自下而上的逐级承诺制

下级围绕总目标和上级的指标，结合自身的岗位工作实际，向上级提出承诺，承诺不是针对结果，而是针对过程控制目标，承诺的内容一旦确定，将成为考核员工的依据，也是员工努力的方向。杜邦公司专家认为，我们的目标建立和分解是自上而下的层层"下达"，岗位指标是结果性的，与职责关系不强，相互之间没有控制关系，有些不同的岗位其指标基本一致，缺乏个性，未有效体现不同岗位的具体控制内容。这种目标的建立和分解方法，由于缺少过程控制内容，员工努力的方向不明确，因而也很难有效保证最终目标的实现。

2. 在目标完成情况的考核上，杜邦公司实行日常考核机制

考核工作由上级对下级一对一进行，主要从日常沟通、会议、过程表现等方面进行考核，上级有权针对考核结果对下级做出处理。杜邦公司专家认为，我们对目标完成情况的考核仅在年中或年底进行，考核内容针对最终结果的多、力度大，针对过程控制的少、力度小。这种考核方式过程控制不突出，一方面，过程控制缺乏严厉的约束机制，另一方面，这导致过程控制难以得到有效落实。对那些做了大量工作，但仍然出事故的单位全面否定，不做具体分析，不利于完善公司的安全管理基础工作。

三、进行严格的安全检查

1. 在安全检查方式上，杜邦更注重灵活性

杜邦公司主要采用观察、访谈、沟通的方式进行检查。在与人员访谈时，不轻易否定岗位人员的说法，而是探讨哪种工作方法更有效，强调管理的人性化，真正从心灵深处对员工产生影响。现场检查重在观察人的操作行为，通过被检查人员的表情变化判断人员是否清楚规定动作。如果员工看到检查人员后表情无变化，仍然重复不安全的动作，则判定为无知性违章；如果员工看到检查人员后会主动纠正自己的动作，则判定为故意违章。针对不同的现象会采取不同的解决方式。杜邦公司专家认为，我们的检查方式则更程式化一些，审核人员结合检查表，按部就班地进行检查，灵活性不够，检查人员更多地关注现

场隐患和违章，充当了基层安全检查员的角色，对各级员工的管理和操作行为关注相对较少。他们认为，事故的发生最终是各级人员的不作为、履职不到位造成的，所以关注管理行为方法和人的操作行为，沟通和解决人的问题，才能真正实现主动避免违章、识别并积极整改隐患的目的。

2.在对待检查发现的问题上，追求刨根问底，力求实现持续改进

杜邦公司检查人员和被检查方不是就事论事的整改，而是追踪式管理，为什么问题不能及时被发现，是哪个环节出了问题，寻找管理方面存在的原因，从根本上解决。杜邦公司专家认为，我们针对发现的问题和隐患，大多是就事论事的整改，受检查部门没有把它作为一次改进的机会，而是尽快改完交差，甚至不验收不整改，因此整改也变成了完成某项任务，没有从思想上真正重视起来，导致隐患整改完了再出现。这种就事论事的整改只能解决表面现象，不能解决实质，每次检查都是从零开始，每次检查都发现同样的问题，屡查屡有，屡改屡犯，效果不理想。

杜邦安全检查的步骤见图6-2所示。

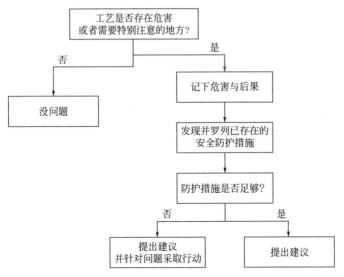

图6-2　杜邦安全检查的步骤

四、进行充分的安全培训

1.在培训需求上，杜邦更强调主动性

杜邦公司在培训前会充分征求员工的意见，真正实现缺什么、补什么，员工参与培训工作是主动的。杜邦公司专家认为，我们的部分培训工作是硬性安排的，目的性不强，培训更像是完成某项任务，没有充分考虑员工的需求，员

工认为这种培训工作是强加到头上的。被动培训难以得到有效的沟通和交流，员工参与培训的目的性不强更容易使培训流于形式。

2.在培训形式上，杜邦注重现场培训

杜邦公司很少组织大型的脱产培训班，他们很难理解，也不认为存在"工学矛盾"。公司开展的HSE培训工作多在现场实际工作中进行，在学中干，在干中学，通过现场交流和互动提高员工的识险、避险能力。杜邦公司专家认为，我们的大型脱产培训太多，有的二级单位举办的培训班都有100多期。他们认为，很多知识是不能在课堂里学到的，尤其是新入厂员工，人员来自不同的单位，岗位要求不一样，从事的作业也不一样，举办这样大规模长时间的室内培训，无论是培训内容上，还是培训教师上都无法满足要求，也不会取得理想的培训效果。

3.在培训效果评估上，杜邦更注重日常评估

杜邦公司对培训工作的效果评估无论在培训过程，还是在培训结束后都得到及时开展，并针对结果立即采取改进措施，改进培训效果。杜邦公司专家认为，我们的部分培训效果评估表面化、标准化，甚至多个培训班在结束后一并进行，且评估结果千篇一律。评估没有更多地针对培训需求是否明确，培训教材、课程安排是否合适，评估结果是否有利于改进培训过程等，导致评估工作流于形式。安全培训能带来的好处有很多，具体见图6-3。

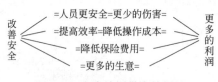

图6-3 安全培训带来的好处

第四节 杜邦在文化建设中对事故的处理

一、处理违章和事故

1.在违章处理上，杜邦更具人性化

杜邦公司制定了十大不可违背安全条例，又称十大保命条款。

① 任何人不能违反上锁、加标签、清理和试车的程序。
② 任何人不得违反受限空间进入许可的程序。
③ 任何人不得违反"管线断开"程序。
④ 除了在完全遵守禁止触摸（Do Not Touch, DNT）程序的情况下，任何人不得直接或间接接触任何转动或移动的设备或者物料。
⑤ 任何人不得未经授权进行带电作业。
⑥ 任何人不得未经授权旁路安全联锁。
⑦ 在存在跌落危险的1.8米以上高处作业时必须系安全带。
⑧ 在公司内，公司车辆内或者为公司业务工作时都必须戴好配置的安全带。
⑨ 没有相应的证照，任何人不得操作特种设备。
⑩ 任何人不能指使或容忍任何违反安全保命条例的行为。

杜邦公司的"十大保命条款"是员工不能逾越的高压线；在制止违章时，强调以安全的行为制止违章；对于违章的处理以沟通为主，对无知性的违章通过教育让其了解危害性，告诉基层领导和岗位员工用"心"思考、用"心"做事，同时，返回头来，从制度层面和培训上解决无知性违章的问题。杜邦公司专家认为，我们制止违章行为的方式方法还相对比较粗放，对发现的违章进行严厉处罚后，一般不再寻求改进方法，没有做到具体问题具体分析，追根溯源。专家认为，用扣罚奖金的方式进行严惩，这种管理方式在一定程度上会起到相应作用，但由于没有追根溯源，沟通力度不够，一是各单位会瞒报违章，影响违章的统计和分析；二是虽然进行了处罚，但员工不理解，深层次问题没有挖掘出来，因而违章现象也不能从根本上得到解决。

2. 在事故调查中，杜邦实行直线管理

杜邦公司在发生事故后，会主动上报，分享事故经验和教训，没有人会因为担心处罚而瞒报；进行事故调查时，会根据事故大小由不同级别的单位"一把手"牵头组织进行，安全管理部门只是参与。事故主要是调查管理方面存在的问题，其次是设备方面存在的问题，最后才是操作者，针对事故的防范措施由事故单位制定。杜邦公司专家认为，我们在发生事故后，事故单位因害怕处罚和影响个人前途，迟报、瞒报情况相对较多，更没有人愿意分享事故的经验和教训；事故调查都是由其上级部门组织实施，编制的事故报告中尽管罗列了很多措施，但由于没有事故单位的参与，措施体现更多的是宏观要求，针对性不强；针对事故调查发现的问题没有更深入的追根溯源，措施的后续工作跟不上，如调查发现培训不到位，但没有分析为什么不到位，问题出在哪里，梗阻在什么地方，应采取何种方式去解决等。

二、杜邦对事故调查处理流程

杜邦企业发生事故后,现场处理的程序一般如下。

(1)初始反应;
(2)初始报告;
(3)成立调查组;
(4)收集证据,确定事实;
(5)分析信息,识别关键因素;
(6)确定需要加强的系统;
(7)提出纠正和预防措施;
(8)完成调查报告;
(9)交流调查结果;
(10)追踪落实改进建议。

具体如图6-4所示。

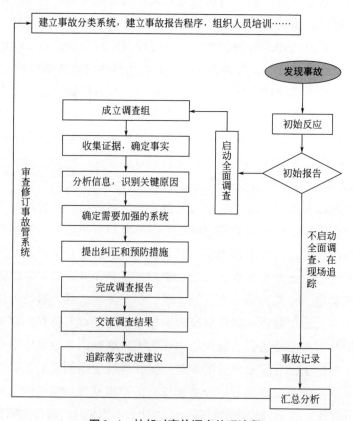

图6-4 杜邦对事故调查处理流程

三、杜邦事故调查实例

2014年11月16日消息：美国杜邦公司位于休斯敦东南拉波特（La Porte）地区的工厂，15日发生化学品泄漏事故，5名工人直接暴露于有害气体甲硫醇中，造成4人死亡、1人被送往医院救治。

杜邦公司发言人伍兹（Aaron Woods）证实，15日凌晨4时左右，位于斯特朗路厂区一个储存甲硫醇的存储罐阀门失效，造成甲硫醇大量泄漏。

工人和紧急救援人员6时左右控制住了泄漏，但已有5名工人暴露在有害气体中。其中4人在厂区内死亡，1人被送往附近的星海假日医院，伤情不会危及生命。在化学品溢出时，4名死亡员工之一曾下落不明。

事故最终调查结果：CSB（美国哥伦比亚广播公司）的调查发现，杜邦La Porte工厂的安全管理体系存在大量缺陷，未能形成强有力的工艺安全文化。在2016年4月份杜邦宣布将关闭这家杀虫剂工厂，该事件为化学工业提供了重要的教训。

1. 应急响应有缺陷

杜邦La Porte工厂在有毒化学品泄漏期间，应急响应混乱，导致操作人员、应急响应人员和公众置于危险之中。事件发生当晚，工厂内操请求紧急反应小组（ERT）赶到现场，执行紧急响应行动。从最初的ERT援助请求到最后的应急响应行动，整个响应过程凸显出沟通失误、组织混乱和态势感知缺乏等。

2. 工艺安全管理体系实施不到位

杜邦公司创建了自己的企业工艺安全管理体系，将其内部安全要求与美国化学理事会（ACC）的Responsible Care（责任关怀）项目、EPA RMP（环境保护署应急管理制度）规则以及OSHA PSM（职业安全与健康标准工艺安全管理）标准规定的要求相结合。除了建立了一套完整的工艺安全管理体系外，杜邦公司还制订了实施该体系的计划。杜邦公司表示，工艺安全管理体系的实施可以分为两部分。

但是，杜邦La Porte工厂的工艺安全管理有缺陷。CSB指出，杜邦La Porte工厂存在严重的工艺安全缺陷是事故的原因之一。这些存在缺陷的方面包括过程危险分析（PHA）、审核、变更管理（MOC）、操作程序和安全工作实践等。

尽管杜邦公司和杜邦La Port工厂制定了很多的书面政策，但这些书面政策并未转化或聚焦于生产现场关于过程安全管理体系的有效实施。

CBS认为，公司本身的安全管理制度，对防止重大事故的发生至为重要。公司应确保其过程安全管理体系中的各个要素是有效的、充分实施的，并按预期发挥作用。而杜邦公司制定的过程安全管理体系中的要素未能使La Porte工厂及时发现、预防或减少重大过程安全缺陷。企业必须有效地实施工艺安全管理体系及其相应的计划，才能获得相应的工艺安全效益。

虽然杜邦 La Porte 工厂应用一项专有的安全认知调查，该调查聚焦于个人或职业安全，但没有对工艺安全文化进行评价或评估。由于安全认知调查未能对安全文化的所有方面进行合理评估，因此无法确定 La Porte 工厂的重大工艺安全缺陷，使得该场所容易发生潜在的过程安全事故。虽然衡量工人对个人安全的认知很重要，但安全文化评估计划中也应提供对过程安全的有效衡量。

杜邦公司用来实现其过程安全管理体系的工具是工艺安全管理和风险模型。公司利用可视化的表现形式来呈现一个有效的过程安全管理体系，包括管理层领导力和承诺的实施、全面的过程安全管理计划和操作规程。但调查发现，杜邦 La Porte 工厂在2014年11月事件发生前并未有效实施该体系，也没有正式评估其工艺安全。

因此，企业必须有效地实施工艺安全管理体系及其相应的计划，才能获得相应的工艺安全效益。

3.员工缺少激励计划

因为杜邦 La Porte 工厂的奖金结构缺乏激励性，员工缺乏报告事故和未遂事故的积极性。

确保员工能够按照规定报告事故、伤害和未遂事故，而不用担心受到歧视、报复或其他不利后果，这是保护工人安全和健康以及帮助预防事故的核心。

库利诺夫斯基博士表示："工艺安全管理是任何企业工厂安全高效运行的关键工具。而此次事故就是一个教科书般的例子，当工艺安全管理没有得到充分实施和监管时，就会产生灾难性的后果。"

第七章 杜邦安全文化对我们的启示

　　学习杜邦安全文化，其目的是将杜邦安全文化中国化，将杜邦安全文化为我所用，并在杜邦安全文化的基础上开拓建设我国企业的安全文化。

　　安全文化建设是近年来在安全系统工程的一种新思路、新策略，也是事故预防的重要基础工程。它是从企业管理、员工的行为规范、生产设施和设备、外在环境等方面开展实施。具体可以从以下五点进行：第一应从安全理念来倡导。首先，努力培养员工树立"安全第一"的理念，在全体员工中大力营造人人重视安全、人人保证安全的氛围。其次，企业应该构建符合自身实际的、能够得到员工认同的核心理念，在企业中积极倡导。第二建立合理的规章制度让全体员工养成良好的安全作业习惯，防止部分员工怀有侥幸心理违章作业。第三积极开展安全培训教育，通过事故短片、安全生产教育片，增强员工的安全意识，提高员工的安全技能。同时实行安全生产考问、技术答题、月度考核等全员培训活动。第四加强培训的考核奖惩力度，规范员工行为，从他们的一言一行、规范引导，潜移默化地影响员工、教育员工，提高员工的安全素质。第五加强宣传，在工作场所通过设立安全警示室、安全文化特色鲜明的宣传板报和安全标语等手段营造具有浓烈安全文化氛围的环境，时刻提醒全体员工安全生产作业。

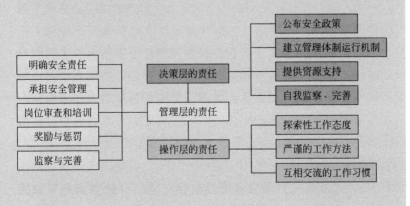

第一节 杜邦安全文化的核心及启示

一、杜邦安全文化的核心

1. 预防为主永远是安全文化建设的宗旨

杜邦公司强调所有事故都是可以防止的。这是杜邦公司从高层到基层的共同理念，他们认为工作场所都没有绝对的安全，决定意外事故是否发生的关键在于工作场所中的员工的行为，管理者并不能为自己的员工提供一个绝对安全的场所，他只能给自己的员工提供一个安全的工作环境。因此，杜邦公司在选择办公室时，通常都不会选择最高的场所，杜邦在世界多地的分支机构所在的楼层也以中低层居多，因为杜邦公司觉得这样自己的员工会更安全。

2. 工作时任何一个细节都有安全的考虑

杜邦公司决定公司的员工除非在紧急的情况下才可以在办公区域快速地跑，除此之外，任何人都只能慢慢地走，这样做就是为了避免急跑而不小心摔倒或者造成其他危险。因此杜邦公司在全球各地的任何一个办公室都很少看到人们急匆匆的身影，从表面上来看杜邦公司的员工都在优雅地走着，这后面则体现出的是一种安全意识和理念，体现的是一种安全文化素养，员工的这种"优雅"的步伐，已经成为杜邦公司的一道亮丽的风景线。

3. 工作时间外仍然要做到安全第一

杜邦公司从1953年开始考察员工下班后的安全表现，并就此提出了一些具体的要求和建议，公司规定员工在家里因为做家务受了伤，也必须向公司汇报。当时杜邦公司的总裁在解释这项制度时说："不管在什么时候忽视安全都是没有科学态度的表现，平时讲求安全，我们都会最大限度地远离意外的阴影，给自己和家人最大的保障。"

4. 完善的安全保障制度系统

公司设有总的安全健康委员会还有分支委员会，总的安全健康委员会由经理和董事们去聘任负责人，其他成员包括各部门主任、安全主管和工厂医生。各地的工厂在各地的管理部门在对工厂进行评估的基础上，建立分支委员会，分支委员会负责本单位内的所有安全和防范事务管理，并向总委员会汇报自己没有办法解决的问题以及涉及整个工厂的问题。为了提高安全检查的质量，杜邦公司还委派专人设计出了一套安全培训和监察制度。

二、杜邦安全文化给我们的启示

1. 安全文化建设是保证安全生产的基础

杜邦安全文化启示我们：有什么样的安全文化，就会有什么样的安全状态。安全文化深刻而广泛地影响着人们的思想，左右着人们的行为。浓厚的安全至上的文化，会影响人自觉摒弃违章的念头和行为，把不安全的因素降到最低。在学习先进经验的基础上，根据实际，积极建设优秀安全文化，宣扬普及安全知识，提高安全意识，运用先进的安全文化提升我们的安全管理工作，就会把隐患消灭在人们的自觉行动中。

2. 营造安全文化环境至关重要

杜邦安全文化启示我们：在广大职工中形成一个浓厚的安全文化环境至关重要。树立安全业绩与工作业绩同等重要的信念，使安全成为自觉的行动，把安全视为工作的一个有机组成部分，做到人人掌握安全知识和技能，人人参与危险识别和控制，以高度负责的主人翁精神密切关注生产过程，进而有效防范事故的发生。

3. 安全管理贵在抓落实

杜邦安全文化启示我们：安全管理贵在抓好落实，要树立每时每刻讲安全的理念，提高全员的安全风险意识。通过开展风险评估，识别安全风险，制定严密的控制措施，加强监控，经常开展风险和危害识别活动，找出身边存在的危险源，并迅速整改。在生产实践中，建立标准、自我约束、互助提高、规范运作的新型安全工作模式。严格执行操作规程，减少工作随意、违章冒险作业等现象，把安全生产措施落到实处，促进安全生产工作迈上更高台阶。

4. 领导必须率先垂范

杜邦安全文化启示我们：做安全工作领导者必须率先垂范，身体力行。杜邦公司倡导的"有感领导"，就是杜邦文化的具体实践，领导者的"做"永远比"说"更重要。

第二节 营造安全文化氛围至关重要

一、坚持"安全无小事"的理念

1.坚持"安全无小事"的安全理念,将安全文化放在首要位置

牢固树立"举国救援不如全民预防"的理念,以"安全发展"理念为指导,全面贯彻"安全第一、预防为主、综合治理"的方针,通过大力加强安全文化建设,坚持"安全无小事"的安全理念,将安全文化放在首要位置是符合客观规律和实际工作需要的。

2.领导重视,特别是一把手亲自抓是做好安全工作的前提

(1)夯实安全责任体系,加强安全风险管理,提升预防预控能力,使现场"隐患清零"全覆盖,"平安企业"有保障,本质化安全水平持续提升。

(2)精心编印《企业安全文化手册》,并进行广泛宣贯,使全体员工达成共识,进一步激发员工参与安全管理的积极性和自豪感。

(3)定期组织开展安全提案奖和合理化建议奖励,引导员工把精力用在如何做好工作上,有效发挥团队协作精神和员工的自主管理能力。

二、"齐抓共管"提升安全管理绩效

1.落实安全生产责任制

落实安全生产责任制就是要把责任落实到位、职责明确并具有切实可行的配套奖惩制度。企业必须成立安全生产委员会、安全文化专业委员会,安全监管部、工会、团委、综合办公室及工作部为成员单位。为更好地落实责任,顺利开展各项工作,各部门、各单位要重视和加强安全文化建设队伍的培育,成立安全文化工作组并指定专人负责安全文化建设工作,为营造浓厚的安全文化氛围搭建平台、创造条件。

2.积极深化、细化安全文化建设示范

企业安全文化建设作为一种新的企业管理路径,凸显的是企业的社会责任,更体现了企业的软实力和核心竞争力。企业安全文化建设的主体和客体都是企业员工,因此,首先要注重全面提高员工的素质和能力,通过确立员

工安全红线意识、提高员工综合安全素质、加强内部管理来实现安全生产和提质增效。这就要求我们充分发挥好企业安全思想工作的重要作用，将企业安全文化的推广与落地作为安全思想工作中的一项重点工程来抓，通过持之以恒的企业安全文化建设来教育引导广大员工提高安全意识、规范安全行为，努力为安全生产和经营管理工作创造团结和谐、积极向上的良好氛围，以安全文化管理助力企业安全生产运行。通过开展安全知识竞赛、岗位操作比武、健身运动等丰富多彩的文体活动，打造独具特色的安全文化，形成企业安全生产和企业安全文化相互促进的良好局面。要通过企业安全文化建设，进一步将安全理念、价值取向渗透到安全管理的各个环节，使安全理念、安全制度、安全行为与安全环境有机统一起来，为实现企业生产安全提供坚强有力的安全文化保证。

3.对标一流，形成高质量安全文化特色

积极借鉴、转化、吸收国际国内先进的安全管理思想和安全文化理念，聚焦新时代企业高质量发展安全文化的时代特色、实践特色，完善安全文化体系。分层次、分区域开展安全互动交流，共享安全文化建设成果。

三、加强安全文化的引领作用

1.充分利用信息平台，形成安全文化氛围

利用现有的信息化平台（微信、内网等），通过举办专题培训班、研讨会和播放安全公益广告、安全宣传片等方式，宣传上级关于打好防范化解重大风险攻坚战的重要指示精神和安全生产方针政策；宣传公司"关爱生命，你我同行"的安全核心价值观，进一步浓厚安全生产氛围。

2.及时宣传报道安全先进事迹

积极宣传公司生产安全、维修安全、服务安全、设备安全、环境安全、卫生安全、消防安全等公司重点领域安全专项整治等工作的落实情况，精心策划新闻点，坚持正确舆论导向，唱响安全工作主旋律。广泛宣传基层安全生产先进经验和典型做法，宣传在关爱职工生命健康方面的典型人物及生动事例，发挥典型引路和示范作用，传播正能量。

3.持续建设并有效利用"安全文化墙""安全文化长廊"

设置紧密贴近实际的安全文化理念、作品、图示化作业（服务）标准等内容的挂图、展板，立足基层引领安全文化意识形态。畅通渠道获取职工安全诉求，及时准确予以解决回应，增强广大员工对安全工作的认同感。

4.挖掘和提炼本企业安全理念

对企业安全理念进行凝聚和提升，以企业安全理念为依据，设计编制《企业安全文化手册》，图文并茂地凸显企业独特的安全文化面貌，彰显公司实力。

四、注重安全培训提高员工素质

1.树立"举国救援不如全民预防"的理念

（1）开展"送教入企"活动。坚持监督与服务并举，在安全生产月、防灾减灾日、消防宣传日、世界急救日、世界地球日、世界环境日等时期，组织单位专家、骨干深入企业宣讲环境安全形势，解读政策法规、传授管理经验、发放安全书籍、普及应急救护知识，为企业环境安全健康长足发展提供智力支持。

（2）开展反"三违"专项行动。将反对和制止违章指挥、违章作业和违反劳动纪律作为一项制度性、长期性的工作来抓。各企业在开展"三违"专项行动中，要切实做到"八有"，即有方案、有组织、有措施、有活动、有考核、有奖惩、有台账、有曝光台。要把反"三违"活动作为一项重要内容，加强指导和监督检查。

（3）开展"人人都是环境安全员，事故隐患随手拍"活动。企业要教育员工关爱生命、关注环境安全，采取表扬奖励、评先评优等措施，激励全体员工发挥主人翁精神，利用手机对环境安全事故隐患随手拍，为企业全面排查治理环境安全事故隐患提供帮助。

（4）开展悬挂"环境安全风险告知牌"活动。企业以及公共场所，特种设备、油气输送管道等行业领域都要在危险源、风险点张贴环境安全警示标志标识，特别是要悬挂"环境安全风险告知牌"，公告风险有害因素、防控和应急处置措施、救援电话和责任人等信息，相关责任单位和人员要认真履行环境安全风险告知义务。

2.持续开展应急演练和岗位练兵活动

突出围绕高风险区域场所，高风险作业活动，紧急事件和道路交通事故、地震、火灾、拥堵等突发灾害应对，开展覆盖全员的应急处置、避险逃生和自救互救实操实训，着力解决响应不及时、协调配合不到位、应急处置不娴熟、现场救护能力不足等问题。

根据活动方案要求，各专兼职救援队伍全体指战员、后勤保障等岗位均参与活动。各救护队伍以岗位为平台，结合岗位特点，将练兵内容与履行岗位职责所需的能力结合起来。根据岗位特点，有针对性地采取灵活多样的练兵形式，努力在提升自身能力、解决实际问题、提高工作成效上下功夫。坚持活动、工作两手抓，在开展大练兵活动的同时，做好战备值班、技术服务等各项工作，做到相互促进，共同发展。

3.完善建立安全教育培训体系

建立安全制度约束体系、健全安全机构保证体系等安全文化及安全管理体系文件，将安全文化建设纳入企业精神文明建设之中，利用展览、各种活动、书籍、测验、考试、实际操作等提高全体职工的安全文化素质。

（1）完善安全教育培训责任制，具体包括以下内容。

① 依法依规建立教育培训制度。按照法规要求和企业需求，规定所有员工每年参加一定学时的安全教育培训。

② 培训激励制度。培训工作应将培训课时、效果与考核制度相结合。对达不到安全教育培训要求的受训者给予一定的行政处罚或岗位调整。

③ 培训效果跟踪制度。培训后，还要进行效果跟踪。在受训者上岗工作后，定期跟踪反馈，以确认受训者在安全生产各方面情况，为制订下一步的培训计划提供依据。

④ 培训评估制度。课程内容评估主要是评估课程内容是否与培训目标相吻合，是否体现了培训的目标。

⑤ 培训费用管理制度。加强安全教育培训费用的合理控制，安全教育培训经费要做到专款专用，保障安全教育培训项目的经费，避免人财物的浪费。

（2）组建内部专业的培训师团队。建立内部培训师队伍，首先要确定选拔流程。在内部培训师的培养项目中，需从企业、行业、专业三方面进行筛选。内部培训师候选人必须在本企业工作的时间比较长，对企业足够了解，以保证传递知识的真实准确性；同时要具备深厚的理论基础或者专业的技术水平。

（3）完善安全培训课程体系。一是做好课程的设计；二是培训资源应用；三是学员手册编制、教案印刷和培训效果跟踪；四是培训信息发布和安全教育培训成果转化评估。

4.为员工创造一个安全学习、培训教育的场所和环境

配备各类需求资源。打造一个有特色的安全文化长廊，建设一个安全文化教育活动室、事故案例模拟实训室并有效利用，充分营造安全学习的教育氛围，真正提高员工的安全意识。

员工培训说到底是一种成人教育，有效的培训体系应考虑员工教育的特殊性，针对不同的课程采用不同的训练技法，针对具体的条件采用多种培训方式，针对具体个人能力和发展计划制订不同的训练计划。要在效益最大化的前提下，多渠道、多层次地构建培训体系，达到全员参与、共同分享培训成果的效果，使得培训方法和内容适合被培训者。

好的培训教育环境，会让员工更愿意为企业建言献策，帮助企业谋求更大的发展，同时也势必会提高工作效率，员工的创新潜能更容易被激发出来，这

也会影响到员工的精神状态。而好的精神状态关系着企业的生命力、经济效益和发展方向。所以，企业在为员工提供工作场所时，应考虑到这个场所形成的文化氛围、和谐氛围、团队氛围。

一是企业经营管理者在日常的生活工作中要善待员工，创造条件，搭建平台，千方百计地满足员工的物质需求和精神需求，千方百计解决员工的后顾之忧，千方百计地发挥员工的潜能，千方百计地帮助员工增强生存和发展能力，为员工创造一个优美的生产、工作、生活环境，从而增强员工对企业的认同感、自豪感和安全责任感，实现管理由被动向主动、互动转变，赢得员工倾情奉献的良好局面。

二是在鼓励和帮助员工实现自身价值、奉献企业的同时，也要切实考虑他们物质上、精神上、感情上、生活上的需要，在发展生产，提高效益的基础上，给予合理的薪酬和福利，提供增长才干的机会，帮助和促进员工个人发展。

三是开展丰富多彩、高雅健康、寓教于乐的文化活动，引导每位员工养成文明健康科学的生活方式，缓解员工心理压力，调整员工不良心态，使员工愉快地上岗，从而激发员工报效企业的工作热情和积极性，真正把企业当作自己的家，把工作当作人生的理想和事业的追求，产生无穷无尽的智慧和力量，不断追求卓越，不断挑战极限，推动企业实现永续经营、持续发展。

五、用标准化作业强化行为管控

1.组织员工认真学习标准

组织全员认真学习本单位的《安全行为管理》《安全常识》，解读《公司安全生产理念》《公司安全管理模式》，并通过全员、全过程、全方位、全天候四个管理对象将其中标准系统转化成具体的行动。

2.人人进行安全承诺

通过人人签字承诺严格执行《员工安全禁止的行为》要求，规范行为、体现"服务人民、奉献社会"的行业宗旨，牢固树立发展决不能以牺牲人的生命为代价的"红线"意识和底线思维。

3.严格执行标准

大力推动"赢在标准，胜在执行，纪律严明"的安全执行文化落地，推进作业标准图示化、视频化管理，开展学、背标准，讲述标准活动。

六、全面防控安全风险隐患

1.严格细致进行风险辨识

深化细化专业性、系统性危险辨识，科学评定安全风险等级，建立安全风险清单和数据库，完善风险管控措施并使其有效落地。危险源辨识、风险评估和风险控制策划的步骤如下。

（1）工作活动分类。编制一份工作活动表，其内容包括厂房、设备、人员和程序，并收集有关信息。

（2）危险源辨识。辨识与各项工作活动有关的所有危险源，考虑谁会受到伤害以及如何受到伤害。

（3）风险评价。在假定计划或现有控制措施适当的情况下，对与各项危险源有关的风险做出主观评价。评价人员还应考虑控制的有效性以及一旦失败所造成的后果。

（4）确定风险。确定风险是否可容许判断，计划的或现有的职业安全卫生措施是否足以把危险源控制住并符合法规的要求。

（5）编制风险控制措施计划（如有必要）。编制计划以处理评价中发现的、需要重视的任何问题。组织应确保所采取的和已有的控制措施仍然适当和有效。

（6）评审措施计划的充分性。针对已修正的控制措施，重新评价风险，并检查风险是否可容许。

其中，风险评估的基本流程如图7-1所示。

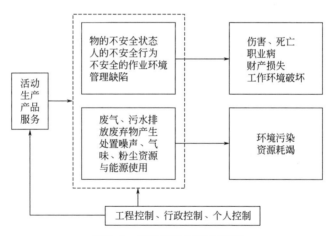

图7-1 风险评估的基本流程

2.建立健全事故隐患判定标准

要分级分专业建立健全事故隐患判定标准，坚持以"零隐患""无事故"为目标，按照"五落实"要求对照标准完善现场各类安全生产和职业健康装置设施，做到系统无缺陷、管理无漏洞、设备无故障，持续提升本质安全化水平。因为各个行业、各个专业对事故隐患的判定标准不同，如化工、煤矿、建筑等行业的性质不同，工作内容不同，风险程度不同，事故造成的损失也不尽相同，因此，很难确定一个通用的事故隐患判定标准。所以，在实际工作中，要根据其企业性质按照国家给出的具体判定标准来执行。

3.开展"安全风险告知牌"活动

按规定在危险源、风险点公告危险有害因素、防控和应急处置措施、救援电话等信息，认真履行风险告知义务。持续完善现场安全宣传、安全警示和提示视觉系统。对照国家标准，规范使用安全色和设置安全标志。以空压机安全风险点告知牌为例，具体见图7-2。

图7-2　空压机安全风险点告知牌

4.开展安全改善提案活动

深入开展安全改善提案活动，运用安全绩效激励、表扬认可等手段，发动并引导职工围绕设备设施、工器具、作业道路环境等存在的缺陷实施安全改善的措施，定期组织交流活动，分享改善经验，推广改善成果。

七、丰富安全文化活动

（1）组织好安全生产月、《安全生产法》《职业病防治法》宣传周、"5·12"防灾减灾日、"11·9"消防宣传日、"12·2"交通安全日、"世界急救日"等活动，宣讲安全形势，解读政策法规，推广管理经验，发放书籍材料，普及应急救护知识。

（2）开展"人人都是安全员，事故隐患随手拍"活动，营造全员关注安全、参与安全的氛围，有力推动隐患排查治理。

（3）广泛开展安全故事讲述、安全格言警句征集、安全知识竞赛等群众性活动。

（4）持续开展事故责任人、见证者、基层管理者参与的各层级事故"现身说法"活动。

（5）利用安全文化的宣传片、事故案例警示片，通过在企业公众活动场所利用大屏幕滚动播放，一方面展示宣传企业的安全文化，另一方面起到安全宣传教育的目的。

（6）按照安全文化建设实施计划，对各层级管理者及员工进行安全文化理念体系的宣贯培训。

安全文化建设是做好安全管理工作的最佳途径和最终途径。安全文化作为企业文化的重要组成部分，我们应继续努力挖掘它的内涵、外延和成长潜能，让其充分落地，牢牢扎根，最终实现从"珍爱生命，我要安全"的理念意识向"我会安全、我能安全"的快速转变，真正提高员工的生命质量、生活质量和工作质量，打造绿色和谐企业，实现员工和企业共同健康发展。

第三节 安全管理的重点是抓落实

一、抓落实才能达到安全

特大、重大安全事故的出现，很多人都在问原因究竟何在？是不是就像有些人所说的那样，天灾人祸，不可避免呢？杜邦公司的安全文化给了我们很好的启示和借鉴。在我国的很多行业、地区都有伤亡事故率的概念，因为存在不可避免的因素，很多单位和部门都心存侥幸，认为自己出问题的概率很小，这样久而久之安全工作就被置于脑后，在与其他工作发生冲突时，往往牺牲安全工作，积小成大，从而导致了安全管理工作的松懈。正如杜邦公司所言：每100个疏忽或失误，会有一个造成事故，每100个事故中，就会有一个是恶性的。

所以，特大、重大安全事故不断出现就不足为奇了。有法不严，就会导致执法不严，违法难究。安全文化的建立是一项基础性的工作，同时也是一项长期工作，建立一流的安全文化的关键要素是真实的行动落实。"你将达到的安全水平取决于你展示你愿望的行动"，心之所至，安全等随。

1. 提高认识抓落实

要进一步增强安全工作的主动性、针对性和实效性，解决好认识不到位、精准化不足问题，进一步把握好上级的要求，解决好措施跟进、作风漂浮、履责不到位，在岗不履责不尽责问题，抓时效的推进，提高工作水平和能力，切实增强"脚力、眼力、脑力、笔力"，解决好本领恐慌、知识更新滞后、执行力不强等问题，以高度的政治自觉和行动自觉，以钉钉子精神把"展形象"各项任务做实做细做精，共同推动公司事业和联勤联防工作迈上新台阶。

2. 强化责任抓落实

员工需要历练养成一种安全责任习惯，加强责任意识的培养，让员工从思想潜意识上把安全生产的弦紧绷。安全责任是实实在在的，来不得半点虚假。否则，制度再健全、措施再完善，也只能是一纸空文，停留在面上，不会有效果。因此，安全工作要做到"为之于未有，治之于未乱，防患于未然"，归根到底，安全责任重于泰山，层层落实才是解决问题的关键点。

3. 突出重点抓落实

要突出重点抓落实，面对千头万绪的安全工作，必须找准主要矛盾，把握关键因素。具体来讲：安全工作的首要任务是维护生产安全、设备安全。安全工作要突出员工队伍建设、基层组织建设、人才队伍建设三大重点，还要做好"安全第一、预防为主、综合治理"主题教育。安全宣传工作要做好理论武装、意识形态宣传等工作，努力团结一切可以团结的力量、调动一切可以调动的积极因素，不断提升员工队伍应急处置和抢险救灾能力。

4. 细化任务抓落实

（1）加强团队协作，精细分工到位。凝聚出效率，团结创佳绩。发挥团队优势，加强管理人员之间的协作和沟通，细化分工、明确职责，细化管理流程、做到层层分解目标和任务，确保事事有落实、事事有人管、事事有人干。

（2）加强生产保障，深挖内部潜力。根据公司生产的计划要求，从内部挖掘潜力，做到制度上有保障、流程上有沟通、实施上无障碍。精细规则操作流程，抓重点、要点，精准施策。提高协作、保障能力，以全新的姿态和崭新的精神面貌，确保生产目标全面完成。

（3）加强安全奖惩，确保一步到位。着重抓好安全奖惩工作，建立健全安全规范体系，并以此为契机，成立安全攻关小组，确定攻关课题，认真落实、措施到位，为产品安全的百分之百交验合格夯实基础，确保一步到位，满足顾客要求。

5.加强督查抓落实

安全督查工作是一种行之有效的监督形式,是在新的历史时期推进安全生产领域改革发展,全面落实"党政同责、一岗双责、失职追责"和企业安全生产主体责任的一项重大举措。企业上下要认真贯彻安全生产规范标准的要求,坚决抓好安全隐患排查整改落实。要以高度负责的政治责任感,加强领导、落实责任;分步实施、扎实整改;强化督查、狠抓落实;举一反三、健全机制,高标准抓好安全生产督查反馈和问题整改落实。

6.严明纪律抓落实

严格执行安全生产制度,把安全生产工作要求传达到生产一线,明确各班组要加强自查自改,牢固树立起生命第一,安全生产红线意识和底线思维,杜绝麻痹思想和侥幸心理,狠抓各项工作落实。对检查中发现的问题和隐患,明确由生产管理人员跟踪督办、一盯到底,确保安全无死角。

二、用文化的理念抓落实

1.塑造共同安全价值观,着力建设理念文化

构建人人接受、人人遵循的安全生产价值理念,是安全文化建设的核心内容和重要前提,也是干部员工共同确保安全生产的思想基础。为加强企业安全文化建设工作的组织领导,公司可专门成立企业安全文化建设领导小组,着眼于打造特色安全文化,坚持从企业的历史沿革中深入挖掘,从企业安全管理实践中深入总结,从企业对安全生产工作的特殊要求中深入思考,从企业全体干部职工乃至市场客户等社会关联单位中广泛征集,不断总结、提炼、培育具有自身特色的安全文化,形成"安全是企业和员工的生存之本"核心安全理念,深打"安全第一"的思想烙印,让企业信奉和倡导的安全价值观念变成全体员工共同追求并积极付诸实践的坚定信念。

2.抓好企业安全文化氛围营造

以加强安全意识的日常融入为切入点,不断强化、引导员工重新审视安全含义,对安全理念重新定位,推进本质安全建设,从而形成良好的安全文化氛围。坚持"内化于心",将安全文化纳入各级中心组学习、领导干部培训和员工教育内容,促进广大干部员工牢记安全生产规程的同时,持续传递"安全责任重于泰山"的强烈信号。将安全文化建设纳入基层安全建设和"安全生活"主题等组织生活,学习各类事故通报及安全规章制度,引导员工端正工作态度,将安全意识从过去"要我安全"的被动思维,转变为"我要安全"的主动思维,筑牢安全思想防线。坚持"外化于形",着眼"建管用",加强安全教育室、安

全长廊、安全活动角等阵地建设，利用班组阵地设立"安全文化宣传栏""风险研判公示栏"，征集班组安全理念和员工安全口号，形成"人人关注安全"的安全文化氛围。

坚守安全发展红线，高度重视安全文化建设，坚决消除"员工干惯了、干部看惯了、大家习惯了"现象，努力构建集安全人文观、安全效益观、安全稳定观和安全发展观等于一体的企业安全文化体系。

以安全文化为基础，提升班组自觉履责能力，从氛围、意识、行为等多方面入手，组织开展"安全生产小指标竞赛""创建无违章个人""我为安全献一计"等活动，为班组营造一个要安全、学安全、会安全、保安全、落实安全的文化氛围，让职工意识到"现场安全生产是工作的一部分，而安全措施则是生产工作中最重要的部分"。培养每一名职工养成安全操作的良好习惯，树立"每一个设备都是带电体"的忧患意识，不盲目操作，切实把安全放在第一位。加强安全"家"文化建设，开展"职工家庭进班组"等活动，把保护职工安全和健康作为工作的落脚点，注重人文化、亲情化的安全教育，以安全文化进家庭等活动为载体，形成家庭幸福与职工安全相互促进的浓厚氛围，让每一名职工"敬畏生命，尊重生命"，切实增强自我保护意识，真正认识到安全是一种责任、一种担当，人人戴好安全帽、扎好安全带、绷紧安全弦。

3. 抓好企业安全文化载体建设

安全文化建设必须要有有效载体才能更加务实管用，发挥领导在安全文化的引领作用，更要以"创建"活动推动载体建设的落实，全面发挥领导的示范带头作用，抓牢安全管控。深化"领导带头不违章、班长带头查违章、员工身边无违章"主题实践活动，开展员工安全生产示范岗活动。围绕领导带头不违章，引导员工主动承担险重任务，带头执行"安全规范"工作标准。围绕班长带头查违章，发动员工对身边发现的违章现象随手拍，建立红黄榜，在班组公示晾晒。围绕员工身边无违章，组织一线班组长签订帮带责任书，引导员工提升安全意识、强化安全技能。深化"向我看、跟我干、让我来"主题实践活动，通过组织"三我论见"大讨论、"我是班长我先行"征文、"亮身份、亮职责、亮承诺"等活动，引导员工主动思考"向我看，看什么""跟我干，怎么干""让我来，何时来"，主动亮身份、做表率、抓落实。

4. 抓好企业安全文化评价应用

安全文化是无形的，很难用有形的指标来衡量，但是个人的态度、行为习惯、价值观念等无形的特征，又可以通过有形的方式表现出来，体现在安全生产的结果上。对于广大员工，通过创建安全生产示范岗等途径，根据员工违章表现及其他量化积分标准评定员工积分，并将评价结果作为员工评先选优的重要参考，进一步激励员工在维护安全生产稳定上争先锋、做表率。对于基层班组，通过班组标准化建设等途径，将班组整体违章情况作为班组达标和提升的硬性指标，创建领导小组办公室和例会常态通报制度，结果纳入绩效评价，引导班组树立起大抓安全的导向。企业安全文化建设评价指标包括如下内容。

① 基础特征：企业状态特征、企业文化特征、企业形象特征、企业员工特征、企业技术特征、监管环境、经营环境、文化环境。

② 安全承诺：内容、表述、传播、认同。

③ 安全管理：安全权责、机构、制度执行、效果。

④ 安全环境：安全指引、安全防护、环境感受。

⑤ 安全培训与学习：重要性体现、充分性体现、有效性体现。

⑥ 安全信息传播：信息资源、信息系统、效能体现。

⑦ 安全行为激励：激励机制、激励方式、激励效果。

⑧ 安全事务参与：安全会议与活动、安全报告、安全建议、沟通交流。

⑨ 决策层的行为：公开承诺、责任履行、自我完善。

⑩ 管理层的行为：责任履行、指导下属、自我完善。

⑪ 员工层的行为：态度、知识技能、行为习惯、团队。

总之，用文化理念去抓落实，必须要加强企业文化建设，必须充分发挥企业在安全生产的引领作用，找到习惯性违章行为，使其转变为习惯性遵章行为，将安全意识潜移默化到员工的思想和行动中去，从而形成一种积极向上的企业安全文化，使企业的安全管理充满活力和动力。

第七章 杜邦安全文化对我们的启示

第八章 我国企业安全文化建设与实践

本章阐述了杜邦安全文化中国化的问题,并着重介绍了我国三个企业安全文化建设和实践比较突出的企业,如中石化、中海油、鞍钢集团的安全文化建设实践。

企业安全文化建设作为一种新型的安全管理科学,它的地位是其他管理无法取代的,从企业发展的长远来看,只有根据自身情况大力建设和推进企业安全文化,才能适应现代经济的发展,实现与自然环境、人文环境及法制环境的和谐,有效提升企业的竞争力,增强企业的生命力,在激烈的竞争中立于不败之地。其实不单企业,任何单位都是如此。唯有时刻把安全文化生产的观念提到思想的高度,才能在减少安全事故的同时,提高经济效益及其他服务能力。

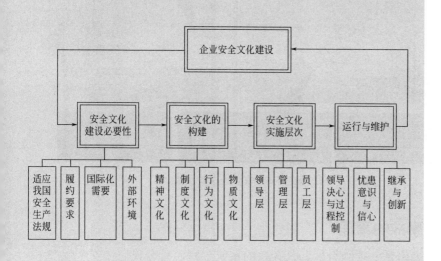

第一节 从杜邦公司看安全文化建设

在世界工业生产领域，杜邦已成为安全的代名词。杜邦公司有着200多年的发展历史，在前100年，公司发生了许多安全事故。意识到安全的重要性后，杜邦公司制定出世界上最早的安全条例，后来又逐渐形成了自己的企业安全文化，把安全、健康和环境作为企业的核心价值。安全事故会造成企业经济损失，更会使企业的形象受损，企业的发展，其实就是安全发展。杜邦公司先进的安全文化对我们的安全管理工作颇有借鉴意义，杜邦改变安全文化的关键要素见图8-1。我们应从以下几个方面加强企业安全文化建设。

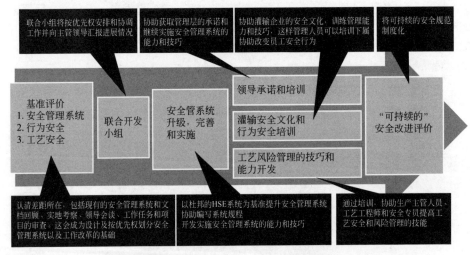

图8-1 杜邦改变安全文化的关键要素

一、加强对事故的管理

安全生产工作是一项综合性、长久性的系统工程，只有我们在安全生产工作中做好综合性工作，全面提高员工的安全生产意识，增强安全生产的责任感，及时消除事故隐患，才能最终实现安全生产无事故。

一是加强员工的安全教育。安全教育是搞好安全工作的重要环节。因此，公司要采取集中与分散的形式，加大安全生产宣传教育力度，组织员工分析典型经验或事故案例。对要害岗位、特种作业人员、新上岗或转岗人员进行经常性的安全知识和操作技能培训，不断提高员工的自我保护能力，避免和杜绝各类事故的发生。

二是加强安全检查督促力度。安全管理的重要一环，就是要每天、每周、每旬、每月定期或不定期地进行安全大检查，经常性地通过自查、自纠、互查、专项检查等多种形式，对生产现场各类事故隐患、死角进行及时查处和整改，纠正违规违纪行为，尽量将事故隐患、苗头消灭在萌芽状态，做到防患于未然，以促进公司安全生产工作的深入开展。

三是建立安全体系的科学管理。要结合实际，建立一套科学的、有效的安全管理体系和严密的安全管理网络，加强对各种设备设施的全方位管理和生产施工的全过程管理，加大安全管理的投入，提高生产中安全防护的科技含量。

二、要建立安全生产责任制

加强落实安全生产责任制。认真落实安全生产责任制，从严从细管理，做到铁面无私，严格对待。在安全事故和隐患的检查处理上，一刻也不能放松，对违法违规的行为和事故责任者，要按规章进行惩处，绝不手软，绝不姑息。抓好安全管理工作，必须要有切实可行的制度作保障，建立适合自身实际的"安全生产责任制"。在企业的安全生产工作中，企业不仅仅要制定相应的安全生产工作制度，而且要制定保障这些安全生产工作制度得以执行和落实的保障措施。制定制度的目的是使其得到有效落实，对企业的工作起到规范、约束和指导作用，而不是为了"制定"而制定。只有有了有效的"安全生产责任制"，企业的安全生产工作才可能规范开展，才能收到应有的效果。

三、加强对员工不安全行为的控制

1.强化安全教育培训

（1）认真组织完成全年的安全技术培训实施计划。根据生产形式和能力变化、人员增减情况、设备更新、环境变化等因素，要改变现有培训组织方式，按"干什么、学什么、缺什么、补什么"的原则组织培训，培训教师主要从公司内部技术管理人员中选聘，必要时外聘有资质的专业教师进行授课。

（2）每天要利用班前会进行岗位操作规程和作业规程的学习贯彻，要坚持开展班前岗位风险辨识评估，坚持开展"每日一题"安全知识的学习活动，通过生产技术知识学习和岗位培训提高职业技能，避免因工作差错和操作失误造成事故。

（3）各级管理人员要经常性地教育、引导员工，生产作业前必须做到"五思而行"，即：做本职工作有什么风险，不知道不去做；是否具备做此项工作的技能，不具备不去做；做本项工作环境是否安全，不安全不去做；做本项工作是否有合适的工具，不合适不去做；做本项工作是否佩戴合适的防护用品，没有不去做。

（4）从控制不安全行为出发，对不安全行为人员还要进行安全态度和安全思想教育培训。通过安全态度和安全思想教育，消除员工头脑中对安全的错误倾向性，克服不安全的个性心理，端正安全态度，提高搞好安全生产的自觉性和责任心，从而避免不安全行为。

（5）每年按安全活动计划，组织开展诸如安全演讲、安全知识竞赛、出动安全宣传车等群众性的安全宣教工作，使全体员工通过安全文化的作用，发挥其主观能动性，自觉遵守安全生产的各项规章制度，规范自己的行为。

2.强化安全管理

采取奖励与惩罚相结合的方式。通过奖励引导员工的行为使其积极主动向安全方面发展，通过惩罚对员工的不安全行为进行约束，使员工知道不该那样做、不敢那样做。

（1）严格执行各种安全法律法规、规章制度和规程、措施，用责任追究手段来保证执行力度，做到违者必究，一视同仁，不搞下不为例，保持制度的有效性、连续性，强制约束不安全行为。

（2）加大对不安全行为的查处打击力度，强制监督纠正不安全行为。各级管理干部、专检人员、职能部门要以现场为重点，以不安全行为易发者为突破口，不间断地进行检查及突击性的抽查。

（3）班组长要加强现场作业行为的安全监管，及时纠正作业人员的不安全行为。对不安全行为的处罚处理执行连带责任，当班人员发生不安全行为，带班队长、班组长负连带管理责任，其他人员负连带监督责任。

（4）将个人的经济利益与安全挂钩，通过全员安全风险抵押、安全责任承包及加大安全在结构工资中的比例等方式，推动安全工作健康发展，促使员工关注安全。

（5）各级管理人员以身作则，带头不违章生产、不违者指挥，以"榜样"激励员工不违章作业。合理安排工作，注意劳逸结合，避免长时间加班加点、超时疲劳工作。

3.改善作业环境

（1）作业环境舒适，主要是使环境改善，周围环境等能满足员工操作设备所需条件，达到并保持作业人员能适应的状态。

（2）各种作业空间的尺寸和机电设备的安全设计都要严格按要求合理布局，充分考虑不同高低、胖瘦人员情况，做到可调整、可改变，并与环境匹配。

（3）作业地点的照明要保持合理的光照度。噪声大的设备要采用消音设备及相应措施。

（4）作业现场要保持环境的整洁、设备卫生、标识清晰。

通过以上措施要使作业环境达到作业人员不因环境而产生不良的心理和生理反应，使操作者身心愉快地去工作，从而避免不安全行为的发生。

4. 做好思想和情绪调解工作

员工因思想情绪的变化而影响正常工作的事件突出表现在：工资和福利待遇问题、工作晋级问题、与领导矛盾问题、家庭和个人生活中发生的问题等。

（1）各级领导对发现的问题要及时调解。要切实关心职工生活，解决职工的后顾之忧，员工家庭和个人生活中出现问题和困难，有关领导和部门要妥善解决，使操作者注意力集中，一心一意做好本职工作。

（2）要加强员工政治思想工作，经常和员工交流思想，了解掌握思想动态。教育员工热爱本职工作，随时掌握其心理因素的变化状况，排除外界的不良刺激。

（3）员工的工资和福利待遇要公平、合理，并按时发放。

（4）员工与领导者发生矛盾，领导者要理性对待，通过相互交流和谈心等方式加以化解。

5. 不安全行为的控制措施

（1）各级管理人员现场检查发现不安全行为发生的痕迹，必须要落实责任单位、责任人员，并对不安全行为造成的隐患及时落实整改。

（2）对于一般性质的不安全行为，对照安全管理条例相关条款对责任人员进行处罚，对于情节严重的不安全行为，要组织有关部门、人员进行责任追究，对于此类责任追究通报必须要下发通报各单位，以此达到警示教育的作用。

四、建立高绩效安全管理系统以提高企业竞争力

建立和实施高绩效安全工作系统的一个重要方面是企业的安全生产管理。实践证明，在安全生产实践方面的活动是建立高绩效安全工作系统的基础，也是高绩效安全工作系统取得良好效果的根本保证。组织设计是影响组织文化的重要因素之一，而组织文化又反过来影响企业经营的最终业绩。安全生产作为企业活动的主体，在一系列组织设计活动（如安全组织结构、安全检查体系、安全工作决策与信息系统等）和企业的安全文化作用下发挥其能动性，而且潜力无穷。安全管理者在研究高绩效安全工作系统时认为高绩效工作系统的设计应依照企业所处不同的环境状况而有所不同，但是针对高绩效安全工作系统的一些共同性也达成了相当程度的共识。尤其是在主要的设计原则方面，如最重要的概念：员工参与和授权，将高绩效安全工作系统的实施由员工控制引向对

员工的积极引导和自我发展。此外，自我管理的团队、全面的安全管理，扁平化的安全组织结构，以及创新的隐患排查制度和全面的安全培训活动也是高绩效安全工作系统所强调的重要方面。

五、注重管理中的安全文化建设

1. 安全教育中要注重实效

企业文化建设水平的高低，是企业文明程度的重要体现。安全文化不同于其他文化，主要有实践性强、覆盖面广、与员工利益关系密切的特点，因而，在安全文化建设中，要突出实效性、长期性、层次性。

一是要把教育同生产密切结合起来，让安全意识深入员工心中。安全教育要紧贴生产实际，紧贴生产岗位要求。在安全教育培训中，要把制定责任目标、活跃教育形式、创新教育方法、丰富教育内容作为安全文化建设的侧重点，使员工通过多角度、多层面、多样化的安全教育培训，达到入心入耳入脑的效果。

二是建立长效的教育机制，把安全文化纳入企业日常管理范围。安全文化不是一朝一夕就能建立起来的，需要经过长期的教育积累及意识认同，才能使其成为员工自觉遵守的行为准则。要提高安全教育效果，就必须建立一种长效的培训机制。有目标、有计划、有重点地组织安排员工进行安全教育培训，这样才能做到防患于未然。同时随着企业的发展，要不断增强安全教育的投入和改进，使安全文化起到为企业改革发展保驾护航的作用。

三是安全培训教育要注意普遍性和特殊性相结合。在企业生产经营中，每个员工所从事的工作，所接触的设备特点不同，安全要求也不尽相同，因此，在安全教育中要有层次性，除了进行广泛的普遍意义上的安全知识教育外，还要分门别类地对各工种岗位进行针对性教育，因人施教，因地施教，使员工掌握安全生产要领，严格安全操作规程，进而达到安全生产的要求。

2. 安全监管上要注重全程

安全文化在管理上体现的是人机结合的规范性、监督上的全程性。安全教育、安全制度不仅是针对刚入企业的员工，不仅是强调一个阶段、一个车间、一个班组、一个部门，而是每一个群体、每一位员工都要始终把安全制度贯彻到底。要坚决去除那种想起来干一阵子，事后无人问的做法。坚持去除那种嘴上重视，实际不作为的形式主义恶习，使安全监管能够成为生产过程的全天候雷达，警示和监督各种违法行为及事故苗头。同时安全制度也不是一成不变的，也不是一劳永逸的，必须在实践中不断加以补充和完善，使其更加科学和规范。

实现全过程的安全监管，其一，要制定好科学的管理规则，明确责任考核目标，在此基础上保证制度的严肃性，杜绝随意性。其二，不论是安全防范重点，还是一般的岗位，都要贯彻安全管理原则，普及安全知识，不能让非重要岗位的员工掉以轻心，往往意外就发生在被忽视的地方。其三，要严格检查考核，特别是对重点生产岗位、重点区域，不能让安全规章制度束之高阁、形同虚设。要通过检查及时发现问题，及时解决问题，把事故消灭在萌芽状态。

3.安全防范上要注重举措

防患于未然，是安全文化建设的基本要求。在企业发展中，安全文化作为企业文化的重要内容，需要理论与实践的有机结合。由此，安全文化，不仅需要精心的设计，还需要强有力的技术支持。否则，就成为纸上谈兵。

首先，要充分运用现代科技手段，积极开发和使用各种计算机事故预想与处理仿真系统，开展预防事故演练、培训与技术讲解，以逼真的形式增强安全教育效果，切实提高职工防范事故、处理事故的能力。其次，要加大改善生产环境的力度，消除安全隐患，努力创造有序的作业现场，保证职工身心舒畅地从事劳动生产。最后，增加技术投入。要通过科学技术进步，改进安全生产设施，改进工艺流程，增强劳动保护。特别是对生产作业重点区域、事故多发区域，更要加大技术改造力度、安全投入力度，运用科学方法、科学手段，改善设备的运行状态及现场环境，提高劳动生产率，提高安全防范效果。

4.管理范围上要注重全员

以人为本是安全工作的出发点和落脚点。因而在实施安全教育培训、安全管理考核中要注重全员性，不留盲点，不留死角。做到全员参与安全培训，全员参与安全管理，使安全成为一种文化为职工熟知和遵守。

安全教育管理强调全员性，就是要求每个职工掌握和熟知企业的生产特点和安全要点，知道什么该做，什么不该做；就是要提示每个职工，遵守安全规则，克服工作中的盲目性、随意性、冲动性及其侥幸心理，从自身做起，搞好安全生产。

六、注重基层工作中的安全文化建设

针对新员工入职前开展的教育培训，规定只有经过公司级、车间级、岗位级的安全教育后才能上岗；借鉴杜邦公司"员工的直接参与是关键"理念，实施群策、群力、群管的"三群政策"，做到人人献计献策，人人遵章守纪，人人参与监督。让每名员工参与安全检查，提出合理化安全建议，安排熟悉一线事务的人管理一线安全，改变自上而下的常规模式，激发全员"保障安全，人人有责"的主人翁精神。

（1）企业文化建设离不开班组安全文化。安全文化既然是企业文化的重要组成部分，那么班组安全文化就是企业安全文化的"细胞"。班组安全文化建设的各个层面是企业文化的重要组成和必要补充，在企业文化建设中显示出举足轻重的作用。企业积极营造浓郁的安全文化，为职工提供可靠的安全保障，就是企业谋求发展和创效的根本保证，有着安全文化底蕴的企业文化是具有强烈生命力的。

（2）搞好班组管理首要是搞好班组安全文化建设。众所周知，重视搞好安全文化能极大地促进安全管理，而安全管理的水平又决定着安全文化的开展是否具有成效。首先，企业班组管理的目标，是充分调动全员的积极性和主动性，共同搞好安全生产这个系统工程，这也是营建安全文化工作目的所在。其次，优秀的班组安全文化，可以不断完善和健全制度文化建设，充分调动职工的工作积极性，增强责任感和荣誉感。

（3）以人为本，提高职工队伍素质，逐步提升班组安全文化建设水平。在安全管理中，人是第一要素，在安全生产中起着决定性作用。从发生的各类安全事故中可以看出，"习惯性违章"人为因素占事故发生原因的绝大部分。因此我们说，杜绝人的不规范行为，控制物不安全状态是安全管理的重要环节。班组安全文化建设是通过各种载体、手段或有效形式，把先进的管理理念、安全技能，潜移默化地影响或融入每一个职工，从而促使职工队伍素质的整体提高，使安全管理人人参与，做到横到边、纵到底，不留死角。

（4）切实搞好基层班组安全文化建设，促进企业安全工作不断迈向新台阶。基层班组安全管理成与否，直接反映了企业安全生产管理的水平。同时班组安全管理处在基层施工一线，扎实有效地搞好班组安全管理，对企业安全生产局势的稳定起到了举足轻重的作用。如果忽视了班组安全管理，没有营造出良好的安全文化，到处存在"安全危机"，一个生产企业还如何继续发展，更谈不上效益二字了。与此同时，班组安全管理和安全文化还需要不断创新和改进，在总结经验基础上，要积极借鉴和吸收先进的外部管理方式，不断来充实、完善、提高自己。另外要认识到创建班组安全文化的真正内涵和重要作用，从安全生产、企业管理和发展创效等显而易见的成效上，可以看出切实搞好基层班组安全文化建设，是一个企业明智的抉择。

七、注重公司人文环境的安全文化建设

用好安全宣传专栏，积极组织开展安全生产月主题活动。每一次的安全生产月都是一次抓好安全工作的契机，可以在此基础上延伸开展安全生产周、安全生产日活动，引导干部职工检查安全隐患、提出安全建议、总结经验教训、

做好安全监督。

人文关怀是企业安全文化建设不可或缺的内容。随着民主化程度的提高，加强管理者自身建设，塑造人格的力量显得越来越迫切和重要。人文关怀应体现在管理的各个环节。人文关怀作为一种企业安全文化建设方式，应体现在管理的各个环节。

1. 政治关怀

切实提高工人的社会地位，创造良好的社会环境。企业要尊重职工的人格，尊重职工的劳动，保障职工的一切合法权利。职工工作积极性的多寡，不单单是企业内部的问题，更是一个社会问题。要让职工参与本企业的管理，对于企业的经营战略、方针、决策多多听取广大职工的意见，并使他们参与实施。

2. 经济扶助

要满足职工的生存的需要，关心职工的生活，解决职工的困难。在个别企业里，工人的合法权益得不到保障。由于经济方面的不公平待遇，这部分职工在精神文化生活方面更是贫乏。企业应从人文关怀出发，保障职工经济方面应得的待遇。

3. 制度建设

依法维护职工的合法权益，切实体现企业人文关怀。实现企业人本管理，切实保障法律赋予职工的合法权益。在经济上要保障职工的物质利益。在劳动生产率和经济效益提高的基础上，不断提高职工的工资水平，改善职工福利。要切实关心和帮助困难职工，保障困难职工的基本生活，推进企业保障体系建设。此外，要保证职工劳动就业、劳动报酬、休息休假、安全卫生等基本权利；逐步落实各项劳动标准，加强劳动保护，努力为职工创造良好的工作条件和劳动环境。

4. 人才培养

注重人才的培养和使用，必须以人为本全面提高职工素质。职工素质的高低，直接影响企业的兴衰。职工的个人全面发展需要经常的培训，新技术的推广和使用、提高劳动生产率、增强职工参与管理的能力，也需要经常性的培训。职工教育应该做到经常化、制度化、正规化。培训内容应从实际出发，坚持"按需施教，学以致用"的原则。培训时间不论长短，都要建立正规的学习制度，以保证教学效果。培训人才的目的是使用人才。使用人才本身就是一门学问。不识人才，不用人才，甚至忌妒、压制人才，是部分企业发展不快的直接原因之一。因此，企业管理中一定要把人才的合理使用、人力资源的合理配置作为一个重要议题。

5.环境建设

美化生产环境,扩展职工发展空间。要关心职工的文化生活,美化生产环境,用丰富的文化活动陶冶职工的心灵;要创造条件,让那些有远大人生抱负的职工,实现其理想和人生的价值,特别是对那些有开拓性和创造性的工人和工程技术人员,并且决心有所发明、有所创新的人们,要给以特殊支持和关心。企业只有重视了人的积极性和创造性,团结一致,克服困难,努力创新,才会有强大的生命力。

八、注重工作现场的安全文化建设

在放置安全标语、安全标志、事故警示牌等传统手段的基础上,用好安全工作日计时、安全标准化等新方式,开发运用更多形式与载体,对工作现场的安全文化进行再提炼、再丰富,将传统安全管理方法、先进思想和具体实际相结合,有效提高安全水平。

安全文化建设是一个长期积累、沉淀和整合的过程,需要广大干部职工及时总结和提炼。在安全管理上,仅仅依靠科学管理和先进科技往往达不到本质安全化,要积极发挥安全文化的作用,为安全生产提供可靠支撑。

1.加强现场监督检查,确保安全作业

现场安全生产监督检查主要以班组长、安全监督管理部和安全生产管理委员会为主体。监督检查内容为作业范围内的所有东西,包括对设备、人员和现场作业情况的检查。例如设备有无隐患,防护装置是否完好,现场有无相关的安全警示;现场人员是否按规范作业,有无佩戴劳保用品;作业环境是否存在安全隐患,物品摆放是否定置定位,消防通道、安全通道是否畅通等。具体检查形式可分为:

① 班组日检查:各班组长和安全监督管理员对班组进行班前、班中、班后的安全检查并"点点"记录;

② 应急管理部门定期对生产部门进行的安全检查,例如对消防设施进行半月一次的检查,确保消防器材完好;

③ 生产管理中心、应急管理部门对各部门班组的突击性检查;

④ 应急管理部门会同设备部门人员对设备设施、消防设施进行的专业性检查;

⑤ 节假日的安全检查。

2.强化现场安全设备管理

生产现场的安全设备设施是员工从事安全生产活动的主要依靠,如管理不善,不仅影响生产进度,造成的事故危害也比手工操作更严重,抓好设备设施管理是预防事故的主要渠道。基层领导要紧紧抓住几个环节。设备设施一进现场,就要让有关人员充分了解设备的性能、特点等,对危险部位要尽快设置安全标志和安全防护装置;班组要协助机电维修部门搞好对设备设施的维护保养,使其达到规定的状态;正确使用手工工具,手工工具结构简单、体积小,携带方便,往往被操作者忽视其安全要求,而造成事故。基层领导应教育职工正确使用手工工具,严格按章操作,并加强对手工工具的维护和保管。

3.从作业环境上控制安全生产

在作业现场各种原材料、成品、半成品、工具以及各种废料如放置不当,就会成为事故隐患。所以创造有条不紊、整齐美观的作业环境,不仅符合现代企业生产现场安全管理的要求,而且能给操作者心理带来良好的影响,不仅提高了生产效率,还能促使职工养成良好的安全卫生习惯。创造良好的作业环境,要注意抓好以下工作:对现场的物品要划分为经常需要的、偶然需要的和不需要的三大类。对常用的东西要固定在一个适当的位置,既安全又方便使用;不常用的东西,可设置一些方便的货架存放;对不需要的东西,要坚决清理出现场。在安全方便的前提下,尽可能利用立体空间,以保证平面空间的宽畅、整洁。建立合理的特殊物件放置区。对在生产现场的化学危险物品要严格按有关规定处理,不能贪图方便,过量领存,随意乱放。

4.从外围帮教上加强安全生产

安全教育不应只满足于班组内部,在有条件的情况下,可将其延伸至员工家庭中。事实证明,最关心员工安全健康的莫过于员工的亲属,发动员工亲属做员工的安全思想工作是十分有效的。如动员员工与其亲属在一起签订安全生产的"夫妻公约"、订立"不三违承诺书"等。开展父母劝子女、夫妻互劝、子女劝父母的"三劝"活动,都会对现场安全管理起到很好的促进作用。

第二节 中石化安全文化建设案例

一、中石化简介

中国石油化工集团公司(Sinopec Group,简称"中石化")是1998年7月国家在原中国石油化工总公司基础上重组成立的特大型石油石化企业集团,是国家独资设立的国有公司、国家授权投资的机构和国家控股公司。中国石化集团公司注册资本3265亿元，董事长为法定代表人，总部设在北京。

中石化在2020年《财富》"世界500强"企业中排名第二，营业收入为40700.8百万美元，当年利润为6793.2百万美元。在安全管理上和安全文化建设中，中石化也有独特的发展经验和特点。

二、中石化安全文化建设纲要

2014年8月，在充分调研基础上，中国石化对2009年版企业文化建设纲要进行了修订完善，制定颁布《中国石油化工集团公司企业文化建设纲要（2014年修订版）》（简称新《纲要》）。新《纲要》的颁布，是中国石化推进企业安全文化建设的重要举措，为中国石化全体员工打造世界一流企业提供了共同的价值遵循和行为指南，为公司品牌和企业形象筑牢了内在根基，为建设人民满意、世界一流能源化工公司提供了强有力的精神动力和文化支撑。

新《纲要》更加突出了以人为本、绿色低碳、环境保护、社会责任以及国际化、市场化等内容，确立了"为美好生活加油"的企业使命，"建设成为人民满意、世界一流能源化工公司"的企业愿景，"人本、责任、诚信、精细、创新、共赢"的企业核心价值观。

三、中石化安全文化建设实践之"四抓""七想"

在中石化安全文化工作会议上，大家都深切感受到了集团公司对搞好安全工作的决心之大，各企业一把手都受到了极大的触动。各级领导对安全工作不可谓不重视，但要切实做好安全工作，杜绝事故发生，只靠领导层的高度重视和管理层的强力推进是不够的，至少是不充分、不全面的，更重要的是通过基层和现场扎扎实实地筑牢安全工作的基础。中石化集团大力推进了"四抓"和"七想七不干"方面的工作。

1.四抓

一是抓重点。油田要抓井控、搬迁管理、开停工、动火等特殊作业以及承包商的安全管理。

二是抓关键。要抓好关键装置和要害部位，抓"十大薄弱环节"，抓重点监管和帮扶单位，认真开展风险评估、危害识别，包括体系运行。

三是抓基层。基层领导工作漂浮、现场管理不到位是事故频发的重要原因，基层工作绝对不容忽视，必须把工作做细、做实。要实行基层领导安全文化工作履职考核，安全生产部门和人事部门要一起下去考核，切实加强基层班子建设，提高战斗力。

四是抓员工。如果员工缺乏责任心，一切好的制度、好的管理都不能发挥作用，事故仍不可避免。任何制度都要靠执行，执行则要靠员工。对员工要着重抓好两个方面的工作，一是培训，就是技能的提高；二是文化，就是习惯的养成。

总的来说，通过以上"四抓"，明确安全的责任主体、监督主体和执行主体，关注过程、细化管理，强基层、打基础，将重心由领导层、管理层切实传递到操作层、作业层，实现重心下移保安全，切实做到岗位无违章、现场无隐患、生产无事故。

2.七想七不干

为使作业更加安全，还要在继续坚持作业前的安全告知等行之有效的办法的基础上，借鉴杜邦公司"TAKE 2"方法，进一步学习兄弟企业成功的经验，推广基层企业的好做法，从而促使安全管理工作更加规范。中石化决定在公司所有企业作业现场推行"七想七不干"的工作要求。"七想七不干"内容见图8-2。

图8-2　中石化"七想七不干"内容

通过这一安全评估、评价、评判方法准确确定作业的风险程度，从而大大减少简单的、习惯性的违章行为。这一要求适用上、中、下游所有企业的现场作业人员，以此全面推进安全文化工作精细化、标准化、规范化，筑牢安全工作基础。

四、中石化所属企业安全文化建设实例

2014年7月4日，中石化森美（福建）石油有限公司被国家安全生产监督管理总局评为"2013年度全国安全文化建设示范企业"。据悉，全国共有69家企

业，其中中国石化有2家企业获此殊荣。

自2007年7月运营以来，中石化森美公司即把"以人的安全、健康及环境安全为第一要务，使用安全的设施，经营优质的油品，保持良好的安全意识，努力营造一个无事故、无人身伤害、安全的环境"作为公司的安全核心价值观，借助标准化手段，扎实推进安全文化建设，全方位增强员工的安全意识，提高员工的安全能力，筑牢安全防线，实现安全经营。

该公司认为，人的安全是最本质的，塑造想安全、会安全、能安全的本质安全人对企业安全运营尤为重要。为此，他们以"随风潜入夜，润物细无声"的方式，通过开展"安全予工作、安全在路上、安全进家庭"的"360度安全"、查找身边薄弱环节等主流活动以及建立档案，对员工进行潜移默化的教育和渗透式养成，不断夯实安全文化基础。

同时，中石化森美公司牢固树立"防救并重、预防为先"的安全理念，着力打造内部专家队伍，选拔零售、仓储专业等条件优秀的安全骨干人员进行封闭性培训，并组织现场实操检查，全面提高这些人员的安全素质和能力，力争将其培训成安全生产方面的行家里手，并多次组织内外部专家到加油站、油库进行安全审计、安全诊断，主动查找安全问题，对症下药整改。

多年来，中石化森美公司通过持续的安全文化建设，取得了较好的安全业绩。运营以来，始终保持了安全生产态势总体平稳，持续7年获得福建省政府和中石化安全表彰，其安全管理法于2011年被福建省政府作为安全管理先进典型在全省推广，推行的防御性驾驶技术被列入福建省机动车辆驾驶证考核内容，此外，该公司总裁还获得埃克森美孚公司安全生产管理最高荣誉"SSHE勋章"。

安全工作永远在路上，中石化森美公司从2014年大力推行杜邦STOP程序以来，该举措全面提升了安全管理水平，为企业安全平稳运行保驾护航。

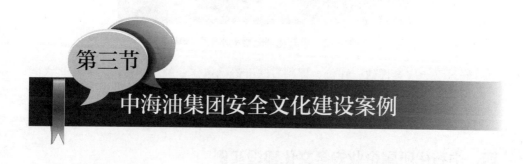

第三节　中海油集团安全文化建设案例

一、中海油简介

中国海洋石油集团有限公司（China National Offshore Oil Corporation，简称

"中国海油"或"中海油")总部设在北京,现有近10万名员工,有天津、湛江、上海、深圳四个上游分公司。2019年,中国海洋石油总公司在美国《财富》杂志发布的"世界500强"企业排行榜中排名第63位。

二、以"五想五不干"为核心的安全行为管理

"一想安全风险,不清楚不干;二想安全措施,不完善不干;三想安全工具,未配备不干;四想安全环境,不合格不干;五想安全技能,不具备不干。"在中海油集团召开的健康安全环保年会上,中国海油创造性地提出了班前"五想五不干"的安全作业要求,随后,在年度"安全生产月"里也以班前"五想五不干"为主题,向生产一线大力推行。

1. "五想五不干"不仅仅是口号

"五想五不干"不仅仅是口号,它是能够切切实实保障员工的安全。为什么要提出这个要求呢?众所周知,海洋石油的勘探开发较之陆上具有更大的风险性,同时中国海油近年来又向石化等中下游领域扩展,安全管理面临诸多挑战。总公司非常注重一线员工在生产过程中的安全管理。在过去的几年中已经通过完善管理体系、健全操作规程、强调执行文化、加强人员培训等多种形式来追求安全业绩,但安全管理的理论和实践都告诉我们,预防重大事故,必须从小事做起、从基层一线做起,最根本的是必须把安全生产的理念落实到一线员工身上。只有员工自身的安全意识、风险防范意识得到提高,每一个一线工作的参与者都重视安全,整个安全生产工作才能取得实效。这就要求员工在工作之前要对施工环境、工具、技能等存在的所有可能风险统筹考虑,如果确实存在风险,想好之后则可以"不干"。

2. "五想五不干"的一个重要方面是"五不干"

这就意味着给工人授权,当施工现场有潜在风险时,工人们可以提出"不干",这也符合我国《安全生产法》的规定:"从业人员发现直接危及人身安全的紧急情况时,有权停止作业或者在采取可能的应急措施后撤离作业场所。"在以往专家所做的安全原因分析中,行为和环境是导致事故的两大因素,而行为所造成的事故占到了整个事故总数的85%以上。因此,总公司认为确保施工安全的重点是授予员工更多权利,提高员工行为的主动性。这个授权主要分为两个方面:一方面是上级对下级的授权,员工在面对不安全作业时可以对上级说不;另一方面则体现在甲方和乙方之间。生产施工作业大多由乙方直接完成,因此,甲方应该提醒乙方,要充分发动员工讨论和理解"五想五不干",通过员工自身发现问题,杜绝施工危险,防患于未然。

3. "五想五不干"的说法比较符合员工的接受习惯

"五想五不干"简洁易记，具有浓厚的基层文化特色。总公司通过大小会议、宣讲会等途径向基层员工传达精神，还特别制作了2000多套安全生产挂图，用漫画等轻松的形式，形象生动地表达了内在含义。

据了解，"五想五不干"已被制作成挂图并张贴到中国海油系统的各个一线作业现场，时时刻刻提醒员工——工作之前想好风险，发现风险后等落实了安全措施和具备了安全条件再开始作业。

中海油在挖掘和发扬自身优良文化（如无私奉献精神、吃苦耐劳精神），完善和优化各项规章制度、推广先进的安全技术和安全管理体系的同时，十分重视总体规划自己的企业安全文化建设。企业不但要在公众中树立良好的绿色能源、安全生产的社会形象，而且要在内部树立起奋发向上，"以人为本"，珍爱生命""安全第一，预防为主"的安全文化氛围，使每一个成员在正确的安全心态支配下，在本质安全化的"机—物—环"系统中，注重安全生产、关心安全生产，使人人参与安全文化建设成为一种风气和时尚，让中海油人在引以为豪的同时，自觉地维护企业的安全形象，自觉规范自己的安全行为，用安全生产的理念和行动保证原油产量的稳定增长，使文化为企业的经济效益做贡献。

三、中海油安全文化建设举措

1. 树立"以人为本的绿色能源安全生产企业"的良好形象

社会公众对现代企业，特别是股份制企业的认识和评价，是直接关系到企业的社会形象和企业的竞争能力、生存能力能否持续、稳定发展的大事。作为海洋石油能源勘探开发的生产企业，如何塑造自己的企业形象和企业精神，是现阶段中海油人必须面对的问题。

树立"以人为本的绿色能源安全生产企业"的良好社会形象，既是由中海油的企业特征决定的，也是中海油公司持续向前发展的必然趋势。一到倒班期，中海油人就乘船或飞机来到了没有绿叶的钢铁平台上，在单调、紧张、危险中，开始了二十多天的石油勘探开采作业。在大海多变的环境中，从事寂寞和艰辛的劳动，稳定的情绪和高度的责任心是安全生产的保证。这种精神和力量来自中海油对职工的爱护和关心，中海油公司一直把"珍惜生命，文明生产"及"不断改善和提高员工的生产、生活条件"作为企业的根本政策。也正因为如此，中海油必将把"关心员工，保护员工的身心健康与安全"，以及"以人为本"作为中海油长期不变的宗旨，形成具有特色的企业安全文化。

中海油的生产必须是绿色的生产，安全生产必须是百分之百的，不但不能污染海洋环境，还应为清洁海洋环境作出贡献。为达到这些目的，必将牺牲许多既得利益，这既是时代和社会赋予的使命，也是中海油公司必须利用现有的科学文化技术去努力实现的目标，更是中海油向广大股民和社会公众所作的最好的安全承诺。所以，建立"绿色的、环保的海洋石油能源安全生产企业"既是奋斗的目标，也是中海油公司最好的安全文化形象标志。

中海油树立"以人为本的绿色能源生产企业"的良好社会形象的总体规划：在内部通过宣传、教育，通过自上而下的宣贯活动，通过在日常生产经营活动中不断贯彻执行这一宗旨，并运用现代科学技术和管理手段确保"以人为本的绿色能源生产企业"名副其实；在外部通过宣传和举办各种活动，向社会展示企业，使社会了解中海油，使"以人为本的绿色能源安全生产企业"的光辉形象深入人心。

2.坚持不懈地大力推广"本质安全化"建设

事故的主要原因是人的不安全行为与物的不安全状态。"人的本质安全化"和"物的本质安全化"是预防事故的最有效的手段。人是生产、生活中的动力之源，提高全员的安全意识和责任心，使全员养成"我要安全"的良好习惯，杜绝违章违纪行为，发现隐患及时整改，真正做到防患于未然，达到人的本质安全化，是追求事故为零，保障人民生命财产的必由之路。因此，企业在进行安全文明生产的同时，必须不断地对员工进行安全知识的宣传和教育（如采取宣传栏、专题安全知识讲座和竞赛、制作安全教育片、安全运动会、建立企业安全互联网等各种不同形式的安全文化活动），提高他们的安全科技文化水平和安全意识，在企业内形成"我要安全""我会安全"的良好文化氛围，使新老职工都能自觉地遵章守纪、规范自己的行为，使其既能有效保护自己和他人的安全与健康，又能确保各类生产活动安全、顺利地进行。

在中海石油企业的钻井、生产平台上，各类仪器、仪表和报警系统既是员工视觉等感觉器官的延伸，也是必不可少的监视耳目。所以，确保仪器、设备、流程的可靠性，确保它们的本质安全化，是提高事故预防能力、保证安全生产的根本出路。学习核能工业在从核电厂选址、设计制造到调试运行、维护和人员培训等各种相关生产活动中都始终贯穿安全思想的先进经验，利用现有的经济实力和技术手段，从设计、建造时就严把质量关、安全关，使设备和流程从本质上实现安全，不达标决不投产，通过不断地宣贯和培训，在员工中牢固树立"将事故隐患从根源消除"的"本质安全化"思想。

3.完善用人机制，营造激励员工好学上进的安全文化氛围

随着海洋石油事业的发展，上千万吨的客观需要，使平台一线人员的新老交替较为频繁，由于缺乏人才和熟练工人，有时会把一些安全文化素质相对较低的人员推上工作岗位。如何对外来人员和新来人员进行系统的、全面的、有针对性的安全技能培训，使其尽快熟悉本职工作、掌握应知应会的知识、达到岗位要求，已成为现阶段企业急需解决的难题。要解决这个问题必须遵循以下原则：

① 先保证基层一线的技术力量，只有生产一线平安，机关人员才能坐稳；

② 注意后备人员的培养，宁缺毋滥，不赶鸭子上架；

③ 先制订培训计划、要求和目标，编制培训教材，通过师带徒，"传、帮、带"和自学等培训方法，使培训人员尽快掌握应知应会的专业知识，并待实习期满达标后方可竞争上岗；

④ 营造开放、宽松、自由、鼓励创造力、尊重人才的良好环境，完善用人机制，激励员工好学上进；

⑤ 注意岗位知识的积累，通过在岗培训，巩固和提高应知应会知识。

一方面既要为企业摸索出一条创造和培养人才的新路子，使各路"千里马"为海洋石油事业贡献自己的力量；另一方面，要为留住人才创造条件，消除因人员频繁流动对企业造成的各种负面影响，使企业在相对稳定中持续向前发展。

4.完善法规制度，营造和谐的安全生产环境

以现在推行的HSE管理体系为龙头，执行各项法律、法规，建立、健全安全生产责任制，依法实施奖惩，激励员工规范自律行为。持续改进HSE管理体系，完善各项安全标准，让管理体系和技术标准指导企业的日常安全管理工作。教育员工不存侥幸和麻痹心理，牢记"平时多流一滴汗，难时少流一滴血"的警言，不断提高安全生产技能和自我保护意识，依法保障自己的行为安全，不断营造和谐的安全生产环境和安全文化氛围。

5.齐心协力共建企业安全文化

安全文化建设是一个深层次的人因工程的开发，是安全管理的升华，是理性的、系统安全管理的基础。它要求企业各主管部门都采用系统的观点和安全文化的理念，用安全文化的方式，塑造出符合时代要求的、具有企业特色的安全文化。只有各级领导干部都带头学习和掌握企业安全文化理论，提高安全科技文化水平，明确安全文化建设的战略意义和现实意义，切实加强领导，将职工凝聚在企业自我发展、自我完善的文化氛围中，全力推进企业安全文化建设，才能推动中海油向更高层次、更加文明的方向发展。

四、中海油所属企业安全文化建设实例

1.打造企业文化竞争力,增强员工认同感

中国海洋石油集团公司提出了建设国际一流能源公司的宏伟蓝图,自此开启了新的伟大航程。对于其所属单位海洋石油工程股份有限公司来说,在安全管理中,要更好地发挥企业安全文化的引领、服务和支撑作用,助推中国海洋石油集团公司和国家战略目标的实现。因为当今世界正在发生广泛而深刻的变革,文化越来越成为增强凝聚力和创造力的重要源泉,越来越成为综合竞争力的重要因素。建设企业安全文化,要先打造企业文化竞争力,增强员工认同感。

(1)探索出具有本单位特色的企业安全文化体系。企业安全文化是公司全面协调可持续发展中必不可少的重要组成部分,要从自身实际出发,认真分析公司发展的形势、目标、环境,在吸收中国海油公司优秀的企业安全文化、安全理念、安全精神的基础上不断创新和发展,逐渐探索出具有自身特色,涵盖人本文化、环保文化、廉洁文化、节约文化、和谐文化等更具操作性和适应性的企业安全文化体系,并被员工所认同。

(2)创新载体开展全员安全教育。把企业安全文化价值理念融入员工的自觉行为。一是开展"形势、目标、责任、任务"主题教育。公司成立了以党政主要领导为成员的形势任务教育宣讲团,深入到所属单位船队、车间、班组等进行宣讲,把员工的思想和行动统一到了中国海洋石油集团公司的决策部署上来,转化为了员工的实际行动。二是建成了企业展厅,进一步增强了员工对企业发展历史与文化的认同感,较好地弘扬了中国海油文化和大庆精神、铁人精神。三是宣传和选树典型群。开展先进事迹巡回报告、"我心中的海油精神"演讲、出版《榜样的力量》书刊和光盘,供员工收看、讨论、撰写心得体会等,做到宣传和选树典型有型、有物、有景、有情,锤炼了队伍,有效发挥了企业文化的凝聚力。这些特色做法,在今后的工作中还将继承和创新发展。

(3)以人为本,关爱员工,引领公司崇尚安全文化。"以人为本,关爱员工;尊重自己,珍爱生命。"多年来,该公司积累形成了人本安全文化理念。各级党员领导干部,特别是各部门一把手,切实履行安全生产第一责任人的带头作用,强化安全生产源头治理,深入排查管控重点环节的安全风险,坚决遏制安全事故发生。特别是"安全生产月"期间,各部门领导带头撰写安全文章、宣讲安全课程、检查施工现场,积极主动组织好员工参加"我的岗位我安全"微视频、图片大赛,安全知识竞赛和安全征文等活动,让一线员工听到声音、看到行动。充分发挥党员干部的示范引领作用,党政工团齐抓共管,引导人人

关注、人人参与、人人支持安全生产，激发广大员工重安全、保安全的热情，努力营造共治共建共享的良好氛围。2017年，该公司实现了可记录事件率和损失工日事件率均为零的优秀业绩。"生命线"QC（质量控制）小组从全国1000多个小组中脱颖而出，获得国家级优秀QC小组称号。

（4）制度安全文化建设既要有约束力也要起到激励作用。建立和完善科学的内部控制体系，注重使员工既有价值导向，又有制度化的规范，实现由强制执行到自觉执行的转变；丰富和完善有效的竞争激励机制，按照责任、贡献、风险大小考核，调动各方积极性；建立完善有效的监督约束机制，强化业务、管理、监督"三线"并举运作，随时处于受控状态，促进发展质量和效益的提升。

（5）发挥安全文化引领作用实现"文化强企"。通过"企业全员安全"活动等，打造以人为本、人企合一、多元统一、创新共赢的开放文化。积极开展适应本单位员工和合作伙伴参与的"大团队"式的文体活动，营造积极向上、拼搏进取、真诚合作、顾全大局、和谐统一的良好氛围，发挥文化的生产力、创造力、传播力、影响力、竞争力。

2. 中海油电仪自动化公司安全文化建设实例

在上级领导的大力支持下，中海油电仪公司领导班子以全新的面貌、饱满的热情，带领着500多名员工大踏步地前进，在安全、质量、成本、周期和经营管理等各个方面取得了骄人的成绩。

在企业发展中，安全尤为重要，它是衡量企业生产经营业绩的重要指标之一，更是和员工有着最直接的利益关系。因此，企业必须在整体发展的基础上，同时做好安全工作，使安全工作和生产经营工作协调发展。其中，建立良好的企业安全文化，形成"人人懂安全、人人讲安全"的氛围，是当前的主要任务之一。

该公司在企业安全文化建设中，也需要以社会主义荣辱观为指导。树立社会主义荣辱观对于构建和谐社会具有重要的现实意义和深远的历史意义，安全生产是和谐社会的重要方面。对企业而言，社会主义荣辱观可以指导企业以正确的态度、正确的手段做好安全工作，为企业发展保驾护航，开创公司安全生产工作的新局面。每个人都要认真学习，深入领会。

集团提出了以"做人、做事、做员工；对人、对事、对自己"为核心企业理念的企业文化建设活动，它是树立社会主义荣辱观的具体化，也是建设企业安全文化必须坚持的重要理念。做人，我们要严于律己，遵纪守法；对人，我们要时刻注意自己的行为，不伤害别人，服务于别人；做事，我们要认真细致，从细微中做起，踏实工作；对事，我们要头脑冷静，敢于面对问题，用心去解决问题；做员工，我们要有高度的集体荣誉感和责任感，一举一动都要考虑集体的利益；对自己，要严一点、狠一点，时刻告诫自己不要做危险的事情。

第四节 鞍钢集团安全文化建设案例

一、鞍钢集团简介

鞍钢集团成立于2010年5月,由原鞍山钢铁集团有限公司(简称鞍山钢铁)和攀钢集团有限公司(简称攀钢)联合重组而成。鞍山钢铁成立于1948年,是新中国第一个恢复建设的大型钢铁联合企业和最早建成的钢铁生产基地,被誉为"中国钢铁工业的摇篮""共和国钢铁工业的长子"。攀钢是世界最大的产钒企业,是我国最大的钛原料和重要的钛白粉生产基地以及重要的铁路用钢、无缝钢管、特殊钢生产基地。重组后的鞍钢集团公司已形成跨区域、多基地、国际化的发展格局,成为国内布局完善、最具有资源优势的钢铁企业,曾获得国家首批"创新型企业"、首批"全国企事业知识产权示范单位"荣誉称号和国家认定企业技术中心成就奖,是国内首家具有成套技术输出能力的钢铁企业。2020年,鞍钢集团名列《财富》"世界500强"第401名,具备钢铁产能约3900万吨。

鞍钢集团的安全理念是:最大的价值是生命,最高的责任是安全,制度是安全的保障,执行是安全的关键。世界上最宝贵的莫过于人的生命。在企业生产经营中,安全是第一位的大事,安全的责任重于泰山。关爱生命,保证员工的生命安全,是企业的永恒主题。企业各项规章制度是人类社会大生产规律的总结,是鲜血和生命换来的经验教训的总结,也是员工生命安全的科学保障,必须百分之百地贯彻执行。一时的疏忽,会酿成终身的悔恨。

二、以安全文化建设探索安全自主管理新模式

提升管理水平,增强竞争力,一直是企业探索的重要问题。近年来,鞍钢股份公司在这方面做了许多有益的尝试,并取得了明显效果。其中,加强班组建设就是该公司的一个显著特点。在班组建设方面,该公司一个十分重要的做法就是:以安全文化建设为突破口,探索班组自主管理新模式。

1.标准化红旗班组评比竞赛激发员工全员参与安全管理

安全是企业老生常谈的话题,如何在新形势下把安全工作抓得更有成效,却是一个难题。作为鞍钢钢铁主体,鞍钢股份公司在安全管理方面一直在探索

新的方法和途径。随着大规模技术改造的完成和工艺技术的持续进步，钢铁主体装备能力和现代化水平实现跨越式提升。这些都为企业安全与发展奠定了坚实基础。通过持续严格管理，狠抓"三习四违"等一系列活动，该公司安全管理工作取得明显成效，事故指标和违章违纪现象大幅下降。

经过一个阶段的集中调研，该公司认识到，班组是企业生产经营的基石，班组长作用发挥充分与否极为关键，抓安全就要抓班组、抓班组长。找到制约安全管理的瓶颈后，该公司把安全管理重心下移到班组和岗位上，与此同时，改变了以往单一的考核模式，推出了标准化红旗班组评比竞赛活动，发挥正激励作用。

为激发职工参与竞赛的热情，该公司设立了专门的奖励基金。在评比中，按照安全管理的难易度，制定了奖励标准和原则，标准化红旗班组每月评比一次，标准化红旗作业区每季度评比一次。

经过几年的实践，该公司将评比奖励范围由最初的10%提高到20%，职工参与标准化红旗班组评比竞赛活动的积极性高涨，参与班组安全管理的自觉性增强，安全意识、创新意识和操作技能明显提高。2020年上半年，该公司共有1336个班组被评为标准化红旗班组，185个作业区被评为标准化红旗作业区。上半年该公司只发生1起轻伤事故，千人负伤率仅为0.037%，创历史最高水平。更为重要的是，标准化红旗班组评比竞赛促进了班组管理的提升，初步形成班组自主管理的新模式。与其他评比不同的是，标准化红旗班组评比竞赛的评比内容也随着实践不断扩展，由最初的单一的安全管理内容，扩展为包括安全、生产、设备等8个方面要素的管理内容，几乎涵盖了企业生产管理活动的各个方面。

2.创新工作载体让安全理念深入人心

抓安全，创建安全文化，安全理念优先。让安全理念深入人心，不能一阵风，既要常抓不懈，更要大声疾呼，同时更要不断赋予安全管理理念创新动力。这是该公司在安全管理工作中得出的一个结论。

鞍钢股份公司提出了长远的安全理念和目标：最大限度地追求零伤害、零事故，把公司建设成为国内乃至全世界最安全的钢铁企业。

班组是企业的基石，既是生产经营、基础管理的前沿阵地，又是安全生产的执行者和监督者。近年来，鞍钢股份公司把企业管理科学化、现代化的起点放在基层班组上，以班组的安全发展，确保企业的安全发展。为实现企业安全生产上水平，该公司不断创新工作载体，构筑强大的舆论宣传平台，让安全理念逐步深入人心。

（1）目标引领。该公司提出树立"以人为本"和"零工伤"的安全管理理念，打造世界上最安全的钢铁企业的目标。该公司用这一目标教育和引导广大干部职工，使大家明确奋斗目标和工作努力的方向。

（2）构筑舆论宣传平台。每年不定期举行事故图片及安全漫画展览，安全生产知识竞赛，安全签名和征集安全提示语句、警句、楹联，以及提安全合理化建议等活动。结合"安全生产月"活动，开展杰出班组长对标擂台赛，推动班组安全管理知识普及和提高。联合职工家属共同参与安全管理，推出体现人性化和人情味的"寄语亲人"卡片。

（3）建立安全生产信息化管理平台。充分借助局域网的优势，该公司下属各单位均建立起安全生产信息管理系统。在这个新型的平台上，将安全生产法律法规、标准、制度和安全教育与培训、安全信息传达、安全奖惩、隐患排查与整改等全部纳入管理系统之中。通过安全信息网络平台，实现班组等基层安全信息快速传递，推进安全管理工作的系统化、程序化和科学化。

3. 创建安全文化工程将安全文化渗透到生产全过程

在大力倡导科学与发展、安全与发展的新形势下，如何打破过去那种管理与被管理、监督与被监督、教育与被教育的传统安全管理方式，建立一种更适合、更有效的安全管理新模式，成为摆在各级组织面前的一项重要任务。

在鞍钢股份公司看来，文化管理是最高层次的管理，是企业管理的核心，安全管理也如此。因此，他们将建立安全文化作为企业一项工程来抓。在持续开展安全文化培育的基础上，2020年，该公司首次将创建安全文化工程作为"三大工程"来抓，以此作为学习实践科学发展观活动的重要实践点，进一步实现好、维护好、发展好职工群众根本利益。

在创建安全文化工程中，该公司组织编辑典型事故案例，征集百条安全理念，开展全员安全教育培训、现场事故应急演练、安全知识竞赛；开展班组"安全行为养成"活动，围绕清洁安全生产要求每个班组提出一条格言、提一条合理化建议、总结固化一项成果；传唱遵章守纪歌；适时编撰员工安全文化手册；与《鞍钢日报》联合开辟"工人先锋号"专栏，加强对班组安全工作的宣传。

该公司在实践中认识到，简洁实用的制度是安全工作的保证，强有力的执行是安全工作的关键。该公司建立了以安全生产责任制为核心，以QEO管理体系为框架的安全管理制度体系。为执行好制度，确定了各个岗位的安全技术操作规程和安全作业指导卡，将其印发成册人手一份。此外，还对安全基础管理工作、危险源辨识、制度完善和制度执行情况进行定期评价考核，实现闭环管理。

创建安全文化工程给该公司带来的成效主要体现在：使安全文化建设渗透

到企业生产的全过程，增强了职工对企业安全理念的认同，初步建立起以班组自主管理为主要内容的安全生产长效机制，提升了企业安全工作水平，带动了企业管理升级。

三、鞍钢集团所属企业安全文化建设实例

1.推行企业安全文化教育

（1）形成全新的安全文化理念。如何形成全新的安全文化理念，使安全文化理念深入人心，应注重以下几个方面。

① 要树立以人为本的观念。坚持以人为本，打造安全文化是全面贯彻"安全第一、预防为主"方针的新举措，是企业保障员工人身安全与健康的新探索。以人为本的安全生产管理，就是指在企业生产的过程中把员工的生命摆在一切工作的首位，贯穿"以人为本""珍惜生命""保护环境"的理念，真正做到维护员工的利益，以员工是否满意、是否得利、是否安康稳定为标准，形成社会效益、企业利益和个人权益的多赢局面，促进企业可持续发展。因此，企业抓安全生产首先要把员工的生命安全放在第一位，当员工人身安全与企业的生产、企业的经济利益等其他方面发生冲突时应无条件地服从"安全第一"。

② 要树立安全就是企业最大效益的观念。企业只有实现安全才能确保稳定的生产秩序，没有可靠的安全作为屏障，企业的生产、经营、改革、发展将无法正常进行。安全是生产的前提，安全事故带来的损失是巨大的。因此要深刻认识到安全生产是企业的最大效益。

③ 要形成安全工作人人有责的观念。安全不仅是企业的重要工作，而且也是每个员工的事。企业对安全工作、对员工生命的关注不仅体现在强调生命的可贵，更应关注和关爱员工。企业不仅要保证员工的生命安全，更要对员工进行情感和精神的关怀，使员工获得精神上的慰藉和满足，为员工提供一个本质安全的环境，使企业"人本、人权、人性、人情"的核心思想获得充分的体现。企业的每一个员工也要充分认识"安全为天、生命至上"的重要意义，要不断提高自身安全意识，实现自我管理，保障自身和他人的安全，实现家庭幸福与企业共同发展。

（2）创建有效的安全文化机制。一个有效的安全文化机制，能够保证安全文化建设的顺利进行。企业主要需要创建以下机制。

① 创建安全学习机制。要使安全文化理念深入人心，必须有一个科学的学习机制，建立学习型组织。在安全学习和安全教育的途径上要多管齐下，强化效果。在安全学习和安全教育的形式及内容上要丰富多彩，推陈出新，

使安全学习和安全教育具有知识性、趣味性，寓教于乐，让职工在参与活动中受到教育，在潜移默化中强化安全意识。要通过多种形式的学习和宣传教育，逐步形成"人人讲安全，事事讲安全，时时讲安全"的氛围，使广大职工逐步实现从"要我安全"到"我要安全"的思想跨越，进一步升华到"我会安全"的境界。

② 创建安全管理机制。认真整合并完善各类安全管理规章制度，增强科学性、严密性和可操作性，是搞好安全生产的前提，也是创建安全文化的前提。要编织党政工团齐抓共管的科学管理网络，职能部门和科队要层层落实安全责任制，强化现场管理，确保各项规程措施、规章制度和安全生产落到实处；领导干部坚持现场跟班，把好安全关，加大对安全生产的监督检查的力度，狠抓违章指挥、违章作业、违反劳动纪律的情况，保证安全生产。

③ 创建安全培训机制。要把安全培训工作纳入企业安全生产和企业发展的总体布局，统一规划，同步推进，以培训机构、师资力量和安全教材为重点，推进安全培训标准化建设，建立安全培训责任制，探索安全培训工作的新机制，把安全培训与技能培训结合起来，以安全培训为起点，提高职工队伍的整体文化素质，力求安全培训工作科学化、人性化、多元化，增进安全培训工作的实效性。

（3）养成良好的职工行为。规范职工的安全行为，培养职工的良好的安全职业精神，是营造企业文化的重要举措。

① 要塑造职工良好的安全职业行为。职业文明是对职工最基本的要求，也是最高的安全规范。要彰显良好的职业道德，以优秀的职业形象弘扬高尚的安全文化。

② 要规范职工的操作行为。在班前要向职工贯彻施工措施，提出具体的操作要求。在施工中要全面严格检查职工的操作行为，及时发展，及时整改，使职工养成良好的操作行为。

③ 要开展深化班组危险预知活动，增强职工超前预防能力。班组安全预知活动是加强班组安全管理，推进企业安全文化的重要内容，也是规范职工安全作业的重要举措。搞好班组危险预知活动，真正使职工对当日当班的生产现场情况、安全工作重点及施工过程中可能威胁正常安全生产、造成事故的危险源做到心中有数，了如指掌。

④ 要开展安全竞赛活动。在竞赛活动中使职工养成精益求精的工作作风、不断创新的工作态度、争创一流的工作精神，展现职工良好的安全职业行为。

2. 以"安全寄语"巩固安全文化建设成果

企业安全文化重在建设，这是诸多企业的共识。如何塑造企业安全文化，塑造一个什么样的安全文化，这些对于企业的经营和发展是至关重要的。安全管理的效能发挥，其最根本的主导因素是人，可以说员工的安全文化素质的提高，是实现安全生产的关键。通过有目的、有意识的安全文化宣传和教育，加大安全文化的传播和影响力度，营造浓厚的安全文化氛围，进而不断培养员工的安全意识、安全思维、安全行为和安全价值观，是实现安全文化的一个有效途径。

鞍钢股份公司二炼钢厂向全长员工及家属发去这样一封信函："尊敬的职工亲属，如果您对在二炼钢厂工作的亲人有什么平安祝福，请以父母的嘱托、妻子（丈夫）的叮咛、子女的希望三个方面，也可以就其中的任何一项，提出安全寄语，也可附上家属的亲情照片。我们将通过安全亲情板、安全文化墙、职工亲情信箱等方式，时刻将您的寄语展现在您的亲人面前，与您共同营造一个安全生产的亲情氛围，为实现安全事故为零的目标共同努力。谢谢您的支持。"

在企业发出"安全寄语"的信函后，广大职工家属积极响应，形成了空前浓厚的安全文化氛围。在这些寄语中，有母亲写给儿子的。如一位老母亲写给儿子的安全寄语："儿啊！你要努力工作，时时刻刻注意安全，在你这个年龄正是身上担子最重的时候，上有老人需要照顾，下有儿女需要抚养，所以你一定要注意安全，只有你保证安全，我们全家人才能够幸福。"有岳父写给女婿的。如一位岳父写给女婿的安全寄语："你是家中的梁，你是妻子的天，你是父母的心，你是孩子的山。"有妻子写给丈夫的。如一位妻子写给丈夫的安全寄语："老公，你的安全就是家庭的财富，你的平安健康就是家庭的幸福，如果你爱我，爱女儿，爱这个家，你就要保重自己，爱惜自己，安全第一，遵章守纪，平安快乐过一生。"也有女儿写给父亲的。如一位女儿写给父亲的安全寄语："在我的心目中，您一直是我们家的脊梁，是我和妈妈避风避雨的港湾，希望您在工作中时刻注意安全，您的安全就是我们全家幸福的源泉。"还有儿子写给母亲的。一位儿子写给母亲的安全寄语："对于世界，你只是一个生命；对于家庭，你就是整个世界。"一句句感人至深的话语，一段段饱含真情的表述，一声声情深意切的呼唤，在二炼钢厂聚积，暖暖的安全寄语在二钢厂迅速传递开来，掀起了浓浓的安全文化氛围。

企业的安全文化建设，不是一项独立的工作，而是企业安全的总体理念、工作目标与规划、岗位安全责任制、生产过程控制等各个方面贯通融合的结合体。企业安全文化建设不是一个部门的独立工作，需要企业全员的参与，更需要群体员工和家属的参加，这也正好体现了杜邦安全理念。鞍钢股份公司二炼钢厂推行的"安全寄语"活动，集中各种有效资源，齐抓共管，实现日常安全管理向安全文化管理的持续推进，形成一个互相监督、互相制约、互相指导的安全管理体系，促进职工安全素质的提升，保护职工在工作中的安全与健康，实现企业的安全生产。

企业开展的"安全寄语"活动，富有安全文化内涵，使员工受到安全文化的熏陶，使家属受到安全文化的洗礼，不失为企业安全文化建设的有效方法。

参考文献

[1] AQ/T 9004—2008企业安全文化建设导则.

[2] AQ/T 9005—2008企业安全文化建设评价标准.

[3] 崔政斌，冯永发.杜邦十大安全理念透视.北京：化学工业出版社，2013.

[4] 崔政斌，张美元，周礼庆.杜邦安全管理.北京：化学工业出版社，2019.

[5] 崔政斌，周礼庆.企业安全文化建设.北京：化学工业出版社，2014.

[6] 崔政斌，周礼庆.危险化学品企业安全管理指南.北京：化学工业出版社，2016.

[7] 崔政斌，崔佳.现代企业安全管理举要.北京：化学工业出版社，2011.

[8] 徐德蜀，邱成.安全文化通论.北京：化学工业出版社，2004.

[9] 高占祥.文化力.北京：北京大学出版社，2010.

[10] 王秉，吴超.安全文化学.北京：化学工业出版社，2018.

[11] 史有刚.企业安全文化建设读本.北京：化学工业出版社，2009.

[12] 崔政斌，周礼庆.班组安全文化建设100例.北京：化学工业出版社，2021.

[13] 崔政斌，张美元，周礼庆.杜邦安全管理.北京：化学工业出版社，2020.